种草文案

月销百万的推文写作技巧

许显锋 / 著

中国经济出版社
CHINA ECONOMIC PUBLISHING HOUSE

·北京·

图书在版编目（CIP）数据

种草文案：月销百万的推文写作技巧/许显锋著.
--北京：中国经济出版社，2020.5（2022.4重印）
ISBN 978-7-5136-6037-2

Ⅰ.①种… Ⅱ.①许… Ⅲ.①市场营销学—文书—写作 Ⅳ.①F713.50

中国版本图书馆CIP数据核字（2020）第023225号

责任编辑	海 毅 闫 丽
责任印制	巢新强
版式设计	吕 夏
封面设计	任燕飞工作室

出版发行	中国经济出版社
印 刷 者	北京力信诚印刷有限公司
经 销 者	各地新华书店
开　　本	880mm×1230mm　1/32
印　　张	9.125
字　　数	150千字
版　　次	2020年5月第1版
印　　次	2022年4月第4次
定　　价	48.00元

广告经营许可证　京西工商广字第8179号

中国经济出版社 网址 www.economyph.com 社址 北京市东城区安定门外大街58号 邮编 100011
本版图书如存在印装质量问题，请与本社销售中心联系调换 （联系电话：010-57512564）

版权所有　盗版必究（举报电话：010-57512600）
国家版权局反盗版举报中心（举报电话：12390）　（服务热线：010-57512564）

前 言

自学文案，屡创 10W+ 爆款案例，她的秘密告诉你

每一个文案高手，背后都有一段艰辛的"血泪史"。今天的主角是叶小鱼，这是关于她的故事。

从事自由职业一年多，出版了两本书，在一些平台开授了口碑不错的课程，对于自己取得的成绩，叶小鱼认为主要依赖于三点：不信命，去沉淀，去链接。

不信命的小镇青年，凭什么征服大都市

叶小鱼是一个标准的小镇青年，在众人看来，毕业后安安分分地去县城做个中学语文老师便是她的最佳选择。可她偏不信命，因为曾经在大学图书馆里，阅读过的广告年鉴杂志的 篇文章，在她的心里埋下一颗火种，急着去一个温暖的城市点燃它。虽然这个决定遭到家人的反对，但她还是一个人偷偷买了张南下的火车票。

离开家门的她，虽然在一家小公司做文案，但是对未来充满了期许。其间她吃了不少苦头，经历了人生中最黑暗的职场生涯。

做文案并不如自己想象的那么如意，作文好不等于文案好，怀疑人生、怀疑自己的日子常有。那时她月薪3000元，房租1500元，还在文案工作试用期挣扎。经常被领导批评，每月"月光"，各种新手文案犯的错她基本都犯过了。

后来，她的直属上司向她伸出了援手：他教叶小鱼别再一股傻劲儿地乱写，要记住广告文案的基础要素，即4P理论：产品Product、价格Price、渠道Place、促销Promotion。同时向她推荐各种文案、营销类书单。没想到，这些竟然照亮了叶小鱼的文案之路，从此一发不可收拾。

去沉淀，去学习

当自己能力不够、积累不多时，根本就没资格谈自由，否则只能"吃土"。那时候，叶小鱼只能努力奔跑：去学习，去实践，甚至去试错。她把手上的每项工作内容都尽力研究透，甚至连续通宵7天赶进度，最后体力不支直接晕倒在公司。叶小鱼也曾免费给别人写文案，只要有机会写，必定全力以赴。

叶小鱼学习如何看书，如何进行主题阅读，如何将书本知识输出，还用几个月的薪水去报名参加一次营销文案课。目前为止，市面上的营销文案课，她几乎全都上过。所以，即使这些年月薪在增长，可她的存款一直在三位数。但好在每次掌握营销文案相关知识点后，她都有一种超富有感，并尝试结合实际去运用，逐步有了一些成功案例，比如：通过文案，给一服装品牌带来80%的客户；给某天猫店商品详情页做文案优化，让单品多赚23万元；通过一篇文案,给某企业销售了30万元的货品;给某企业写了个方案,收入10万元;通过不断地创新,做出多个10W+的互动案例……

同时,越来越多的企业开始邀请叶小鱼去做文案培训,比如招商银行、王老吉、唯品会、樊登读书会、光大保德信基金等,企业内训课酬已经达到了每天3万元。因此,当你用心去做一件事时,机会的大门都在逐渐为你打开。

链接吧,靠近属于你的光源

叶小鱼自从接触"文案",几年的时间,她的生活发生了翻天覆地的改变:

收入倍增,从薄薪3000元到月入10万元,从一个在深圳住过350元单间、几度挣扎的月光族变为小有名气的有志青年。

出书,《新媒体文案创作与传播》曾位于当当网畅销榜第一名,入选双一流大学及多家高校教材;2019年最新出版的《文案变现》,有幸得到台湾地区广告天后李欣频、营销大神小马宋等大咖联袂推荐。

做课,将10年经验归纳总结成一套销售文案方法论,帮2W+文案"小白"学会文案变现,使他们每月多赚3000~10000元,有的人更是拿到了3万元高薪的工作。

看到这儿,你可能会疑惑:学习文案真的有那么容易吗?自己不懂文案,不懂营销,也能做到吗?以前没有接触过,我也能做到月入几万元吗?叶小鱼给出的答案是:可以!凡事都有技巧和方法,只要掌握了正确的方法,即便零基础也不是问题。

叶小鱼说，这几年，自己的学员来自各行各业，都是从零开始学习写文案，通过一段时间的学习，也能快速上手写出一篇营销文案，实现副业赚钱。

这其中有太多励志人物：

家庭困难、高中辍学的四川雅安女孩苏北，通过朋友圈文案变现，年销售额达1200万元，成了朋友圈卖货的"明星导师"。

负债40万元的小商家，靠一篇推文救活了自己的企业，濒临人生绝境的他，买了房，成为圈子小有名气的"膏王"。

入职1年的"90后"职场小白，靠业余时间接文案写作单，从月薪3000元到写出转化率110%的爆文，赚到人生第一个1万元。

这一切，都让我们想到了稻盛和夫说过的一句话：所谓的运气降临，只不过是你夜以继日都在做着同一件事。

目 录

第一章

种草经济：它为什么就这么火

"种草经济"是什么？它是基于社交媒体诞生的一种新型的电商模式，依托于各类社群、自媒体平台、网红达人，核心是好物分享，直击消费心理。它是一种分享经济，也是一个充满无限想象的市场。

1.1 社交媒体的发展必然：万物皆可"种" / 2

1.2 "种草"，一种另类的广告形式 / 7

1.3 直击用户心理，"种草"容易的秘密 / 12

1.4 自我身份认同：我是我，不一样的烟火 / 16

1.5 网络社群：999+ 的人都被"种草"了，你还不来试试吗 / 21

1.6 "种草"，私域流量变现的"弹药库" / 26

CONTENTS

第二章

种草本质：只为更精准地俘获人心

在《营销革命3.0》一书中，作者菲利普·科特勒提到：被网络连接的消费者，越来越像一个具有共同精神追求和普世价值观的立体的"人"。种草文案要从"交换"和"交易"提升为"互动"和"共鸣"，最好的方法就是精准俘获用户的心。

2.1 圈层"种草"，不尝试讨好所有人 / 32

2.2 说"人话"，建立信任促进成交 / 39

2.3 不是卖更便宜的产品 / 45

2.4 直击用户痛点，"种草"的刚性手段 / 50

2.5 "有料"的内容，引爆用户注意力 / 55

2.6 善用比较模式，制造新的消费需求 / 62

第三章

种草攻略：自带一万个非买不可的理由

如何在用户心里"种草"？从这几个问题出发：用户是谁？如何与用户产生情绪上的共鸣？如何找卖点而不是陈述产品信息？如何讲好一个"种草"故事？……从用户的角度出发，就是最核心的"种草"攻略。

3.1 精准区分，确定你的"草"要种给谁 / 68

3.2 情绪共振，触发用户情绪 G 点 / 73

3.3 注重卖点，而不是结论 / 78

3.4 用具体故事"种草"产品 / 83

3.5 让用户关注自己，而非产品 / 88

3.6 要有冲突性，才能触达受众 G 点 / 93

3.7 给用户一个购买的理由 / 97

CONTENTS

第四章

种草话术：恰到好处，省下百万广告费

什么样的"种草"话术才是好话术？无限接近用户的心！好开头的3种类型，竞品对比的3个方法，现身说法，幽默沟通，文案的加减法，"种草"话术的5个句式……一套好的"种草"话术要从开始到下单，始终抓住用户的心。

4.1 以因果逻辑开头，养成良好的思维惯性 / 102

4.2 没有对比，就没有销量 / 107

4.3 最让人信服的文案，莫过于用户现身说法 / 112

4.4 来点儿"自黑"，更接地气 / 117

4.5 做好加减法，让"洞察"更灵动 / 121

4.6 "种草"句式用得好，才能事半功倍 / 125

第五章

种 草 视 频：最好的营销利器

  目前，转化效果最好、最火的"种草"形式是什么？短视频！如何才能制作出一个优质的短视频？从选题到脚本，从文案的10个套路到"洗脑"的6个规律，让普通视频变得高大上的N个软件制作技巧，你都可以轻松学会！

5.1 短视频为什么火得令人无法抵挡 / 132

5.2 制作优质内容的短视频，你也可以 / 136

5.3 掌握好视频脚本创作元素，才有"杀伤力" / 140

5.4 写出优质短视频文案，套路离不了 / 145

5.5 视频要"洗脑"，文案的六个规律把握好 / 150

5.6 短视频要想高大上，制作软件离不了 / 155

CONTENTS

第六章

服 装 类 种 草：想疯狂带货，照着做就对了

  卖什么比较容易？人们最有需求的，衣食住行，服装排第一。服装行业的"种草"，早已从模特美图转到了图文并茂＋优质短视频的形式。好的服装类"种草"文案是什么样的？让用户感知到价值，不要说卖衣服，要说卖美感，卖故事，卖情怀……

6.1 将情感诉求变为购买力　/　164

6.2 使用吸引用户眼球的句式　/　168

6.3 编好你的专属故事　/　174

6.4 聚焦战略，超级细分品类　/　178

6.5 人格化，为品牌注入灵魂　/　182

6.6 兼顾文风和服装卖点　/　186

第七章

美容类种草：还没看完就要买买买

为什么用户还没看完美妆产品的文案就已经下单？为什么用户会有多支口红、多款面膜，却还在买买买？掌握3个原则、6个万能公式、4个套路……你也能轻松写出让用户快速成交的"种草"文案。

7.1 把握好三个原则，才能走心 / 192

7.2 学会套用万能公式 / 196

7.3 讲究招数，才能放大销量 / 201

7.4 有趣，更有料 / 205

7.5 最是套路得人心 / 209

7.6 规范性写作，虚假宣传要不得 / 214

CONTENTS

第八章

美食类种草：直接写到用户的胃里

美食类文案有三种境界：第一种境界是看了觉得好吃，第二种境界是看了觉得想吃，第三种境界是看的时候口水都流出来了，直接下单购买。直接写到用户胃里的文案是什么样的？5个大招，1个架构，4个技巧，6种方法，5类标题形式……掌握这些内容，你也可以轻松写出来！

8.1 五个大招让你对美食怦然心动 / 220

8.2 掌握文案架构，轻松撩胃 / 224

8.3 强调品牌，用户才放心 / 229

8.4 有方法，才能勾起人们的食欲 / 234

8.5 挑逗味蕾，这样写才有效 / 239

8.6 标题也要足够诱人 / 243

第九章

医疗产品种草：不妨来点"重口味"

如何写出一则好的医疗产品"种草"文案？明确广告目的，研究受众人群，整理卖点内容，分析广告渠道，开始文案撰写，这仅仅是新手的写作方法！如果想让你的医疗产品文案脱颖而出，成为用户瞩目的焦点，掌握这些方法：9种标题形式、4个关键点、9个妙招……让你从小白到老手，轻松进阶。

9.1 从标题入手 / 248

9.2 关注人心，同时关注人性 / 254

9.3 掌握关键，文案价值才能最大化 / 258

9.4 文案版式，不能忽视 / 262

9.5 套用妙招，就能疯狂卖货 / 265

9.6 了解演变历程，赢在自媒体时代 / 269

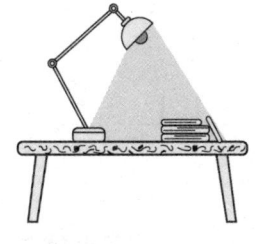

第 一 章

种草经济：

它为什么就这么火

"种草经济"是什么？它是基于社交媒体诞生的一种新型的电商模式，依托于各类社群、自媒体平台、网红达人，核心是好物分享，直击消费心理。它是一种分享经济，也是一个充满无限想象的市场。

▎种草文案▎

1.1

社交媒体的发展必然：万物皆可"种"

知乎曾经有一个"母亲节礼物种草"话题（见图1-1），鲜花、护肤品、首饰、家具用品、保健用品等都成为人们母亲节"种草"的对象，有近500万次的浏览量。

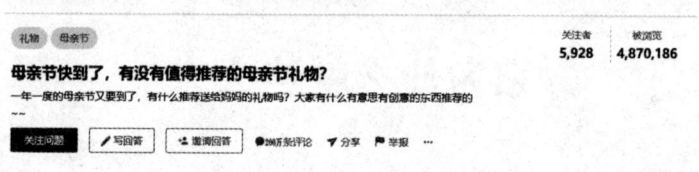

图1-1 知乎"母亲节礼物种草"话题

此"种草"非彼"种草"，不是要去栽花栽草，而是泛指把一种事物推荐给另一个人，让其他人喜欢这种事物的过程；或是自己根据外界所接收的信息，对某种事物所产生的体验或拥有的欲望的过程。通俗点讲，"种草"是把日常消费和网络社交结合起来的过程。

某公司白领员工：

"每次逛街买衣服之前，我都要在'小红书'上做好功课，看一看相关品牌的穿搭笔记，或者征询一下朋友的意见，找到自己喜欢的风格。再如，我要买单反相机，知乎上就会有很多专业性的参数解读，一个问题常常会有好多用户来回答，让我这个相机'小白'挑选到适合自己的相机。然后如果遇到有朋友对单反感兴趣，我也会把这些我知道的内容再分享给对方，得到朋友的信任和认可。"

像这位白领一样，与朋友闲谈的时候，都喜欢相互推荐分享，可见"种草"已经成为一种独特的社交方式。

用户可以"种草"任何东西，万物皆可"种"。小红书、B站、新浪微博、知乎等知名网络平台都有大量的"种草"内容。像体验晒单、定期盘点、种草好物、良心推荐等都是常用的标题。而这一切皆是依托社交媒体的发展，成为可能。

1.1.1 什么是社交媒体

社交媒体有人译为"社会化媒体"，由"Social Media"一词翻译而来。而"Social Media"出自2007年出版的名为 *What is Social Media*（《什么是社会化媒体》）一书，由美国学者Antony Mayfield所著。在这本书中，Antony Mayfield认为一系列在线媒体都属于社会化媒体，具有参与、公开、交流、对话、社区化、连通性的特点，可以赋予每个人创造和传播内容的能力（见图1-2）。

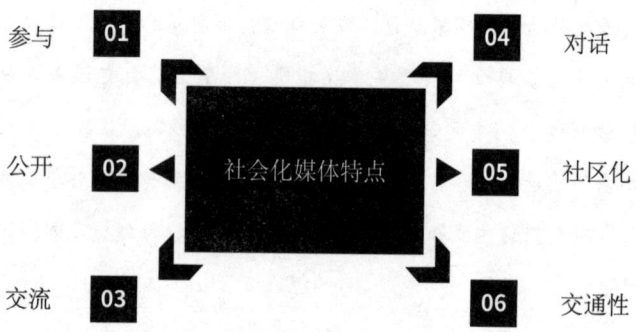

图1-2 美国学者认为社交媒体具有6个特点

而清华大学教授彭兰对社会化媒体又做出了更加具体的解析,认为它具有两个主要特征:一是社会关系与内容生产两者间是相互融合在一起的,也就是说内容生产与社交相结合;二是社会化媒体平台上的主角不是网站的运营者,而是用户(见图1-3)。

图1-3 清华教授彭兰认为社交媒体具有两大显著特征

从BBS(论坛)人的单向大众传播,到以"个人形式"为主动传播的博客,再到凸显个人价值的SNS(社交网站和即时通信,如QQ、微信等),移动社交媒体把个人的能力和身份不断解放和凸显(见图1-4),帮助人们逐步建立属于自己的社会关系网络。不仅只是单方面地接收信息,而且开始大规模输出和传播信息。个人第一次实现了由自己主导的大众范围传播,慢慢从"受众"走向"用户",社交媒体也因此构建起新的社会网络和社交模式。

图1-4 社交媒体的发展过程

目前,对于社交媒体的定义虽然表述不一,但人数众多和自发传播始终是构成社交媒体的两大要素。与此同时,随着社交媒体的发展,越来越多媒体接入社交功能,不仅新媒体,包括传统媒体,都催生出更多细分的社交形态。

1.1.2 社交媒体的主要形式

当今社交媒体以微博微信、音视频、移动直播、虚拟社区、即时通信等为主,广泛存在于互联网应用的各个层面,形成多种传播渠道和运营模式,主要有以下四种:

模式一:平台型

为传媒经济提供意义服务,从而实现传媒产业价值的一种媒介组织形态,主要通过某一空间或场所的资源聚合和关系转换,被称为媒介平台。其功能是响应需求、聚合资源、创造价值,微信、微博就属于典型的平台型社交媒体。相较于微博聚合内容的平台模式,微信更趋向于服务型平台模式,通过摇一摇、手机充值、语音、扫二维码、购票和电商等一系列服务的聚合与接入，成为既有社交娱乐又有生活服务的无所不包的平台型媒体。

模式二：社群型

社交媒体成为个人构建网络关系的重要手段，而网络社群则是基于社交网络形成的新的关系群体，这是一种"虚拟关系"，是随着互联网的发展，在人类的血缘关系、地缘关系、业缘关系等社会关系之外又催生的一种新型关系。这个关系中的个体具有归属感和群体意识，具有共同爱好、共同需求，定期分享内容、交流互动，由多种形式组成。

模式三：工具型

工具型社交媒体使社交工具化，如滴滴出行、网易云音乐、虎扑体育等。此类社交媒体把社交作为互联网产品中的重要元素而不是主导元素，即用社交的思维做工具产品，社交只是工具，服务才是目的。

模式四：泛在型

泛在型社交媒体模式，更准确地说就是一种无处不在的社交连接。不是一种独立形态的媒体，而是以社交属性的内容和服务"嵌入"各类媒体形态中，既可以被新型媒体所应用，也可以为传统媒体所吸纳。时下火爆的网络直播也可以归入泛在型社交媒体的范畴，那些互动性很强的娱乐类、游戏类直播实际上都是一种带有媒介属性的社交行为。

以上四种社交媒体模式相互连接、相互依存，不断融合、不断创新，并存于一个错综复杂的社交网络生态中，并不是固化的单一形态，由此使得"种草"无处不在。

1.2 "种草",一种另类的广告形式

淘宝有"微淘",京东中间位置的"发现"其实是"购物圈",淘宝头条、淘宝直播、天猫商城则是"种草猫",网易严选首页正中心位置是"识物",网易考拉App有"种草社区",连一向"佛系"的亚马逊首页也有购物推荐指南。

这从一个侧面证明,中国的消费者在满足物质的需求上不断有更高的追求,通过消费也想要获取精神上的愉悦或价值认同(见图1-5)。那么,对于"种草"来说,人们被"种草"的过程实际上也是接收一种另类广告的过程。对于品牌来说,要适应这一转变不仅要不断提升产品的品质和功能,还要提升品牌形象和品牌调

图1-5 消费者消费时的心态

性,才能成为消费者用以彰显品位的消费符号。这样,才能构建起自己的品牌和产品"种草生态",从而满足消费升级的社会需求。

不过,这里的广告是来自外界的或有意或无意的观点与主张,而不是商家费尽心思的宣传,是基于人际互动的更亲密、更高效的信息传播模式。"种草"之所以如此火热,其背后的原因主要有两个方面。

1.2.1 "种草"能够带来流量,进而能促成转化

据相关数据统计,2018年我国人均每周上网时长超过26.5小时,其中占用时间最多的是交际、游戏、新闻、视频等。而这些社交媒体之所以能够吸引消费者的重要原因,则是其生产的内容能够成功吸引受众的注意力,有了注意力就意味着有了流量,有了流量就能够引导受众进行消费和变现。

比如作为一个既有内容又有社交的"种草"平台的代表,"小红书"的用户可以在平台上运用文字、图片、视频等形式分享自己的日常动态,形成虚拟的社交圈。除了普通网民分享的内容以外,一批影响力强的意见领袖在分享笔记或推荐商品时往往能够得到较大的关注量,甚至能够形成相关领域的潮流趋势,靠这些来吸引流量,转化就成为自然而然的事情。

某高校研究生:

"五一打算去台北玩,目的地定好之后,我就开始在知乎、微博上找攻略。通过'种草',我们找到了很多到了台北之后想去玩的地方。一切准备就绪,就等假期去——体验了。"

一名高校研究生会主动去网上找与"台北旅游"相关的"种草"内容，作为自己出行的重要参考和建议，可见选择"种草"内容已不限于功能考虑，而是在选择一种生活方式、个性态度以及品牌背后所代表的符号化意义。再比如：

倍康纸尿裤曾邀请人气萌娃阿拉蕾与几位"小小实验员"一起参观倍康透明工厂，并现场进行纸尿裤对比测试实验。在某平台同步直播，当即吸引了近15万人在线观看。好之纸尿裤联合妈妈网邀请三位网红辣妈对纸尿裤的柔软度、干爽度、透气性、安全性等各项指标进行实验测评，借助优势母婴平台全程直播，吸引了数万名妈妈观看，对促进销售有良好的效果。

事实上，伴随互联网成长起来的这一代年轻父母，他们的消费观、育儿观更为个性新潮。他们在"被种草"的同时也喜欢给别人"种草"，不管是"85后""90后"的新晋辣妈，还是打造"妈妈人设"的大牌明星，人人都想抓住"种草"的红利。这对品牌来说无疑提供了更多、更便利的营销渠道。

1.2.2 消费者面对众多选择，"种草"更节省时间

事实上面对众多的消费渠道、品类繁复的商品、海量的产品信息，消费者是不愿意耗费更多的时间和精力进行挑选的。而"种草"则以图文、视频的形式内容提供给消费者，节省了消费者挑选商品的时间，既方便，又精准。

种草文案

福布斯曾进行过一项研究,通过调查发现81%的受访者表示来自朋友、家人和同事的评论会直接影响他们的购买决策。由此可见,口碑对"种草"的成功率起着非常关键的作用,这也是为什么"种草"备受追捧、被称为"带货新法宝"的原因所在。当前主流"种草"方式,主要有以下四种(见图1-6):

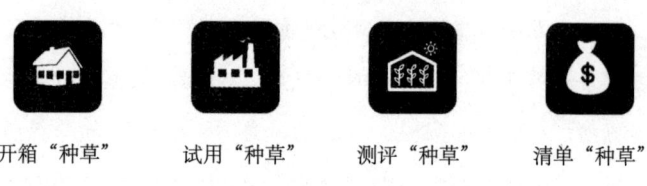

开箱"种草"　　试用"种草"　　测评"种草"　　清单"种草"

图1-6　当前主流"种草"方式

开箱"种草"

开箱"种草"是一种十分直观的"种草"方式,内容主要是从用户的视角进行拍摄,通过拆包裹、开箱、拆标签等行为,向用户全方位地展示产品,并予以试用,满足用户的好奇心,激发其对产品的好感度和购买欲。

试用"种草"

试用"种草"是指达人亲自试用产品,并向受众分享产品的使用感受、性能等。在这个过程中,分享者通过镜头将使用效果直接展示出来,真实性更高,并且可以全方位地向用户传递产品信息。

测评"种草"

测评"种草"是一种十分客观的"种草"方式,指分享者通过一定的理论依据,针对产品的外观、性能、功效等方面进行测试，并根据真实的测试结果进行深层的评价。这种测评方式的可信度更高，可以更有效地促进"种草"转化。

清单"种草"

清单"种草"是一种内容更为丰富的"种草"方式，分享者设定某种主题或专场，来汇集多种产品进行推荐，可以有效地引导粉丝购买转化，而推广的产品自然植入其中，广告痕迹弱，能有效地避免受众反感情绪。

1.3 直击用户心理，"种草"容易的秘密

营销是场心理战，掌握用户购买心理是成功完成文案实现"种草"的关键因素。所以，对于"种草"的文案人员来说，直击用户消费心理才能事半功倍。

用户在消费的过程中，从看到产品到下单购买会产生一系列微妙的心理活动。这其中包括对商品功能、价格、质量等方面的想法，以及对如何使用、如何成交、如何付款、什么场景使用等生发联想。这些都属于心理活动，对产品的销售与否有着决定性的影响。因此，懂得重视和揣摩用户的心理活动是文案人员的必备课。下面就来了解一下，用户购物过程中普遍存在的11种消费心理（见图1-7），很多"种草"文案屡创佳绩，正是精准击中了这些心理。

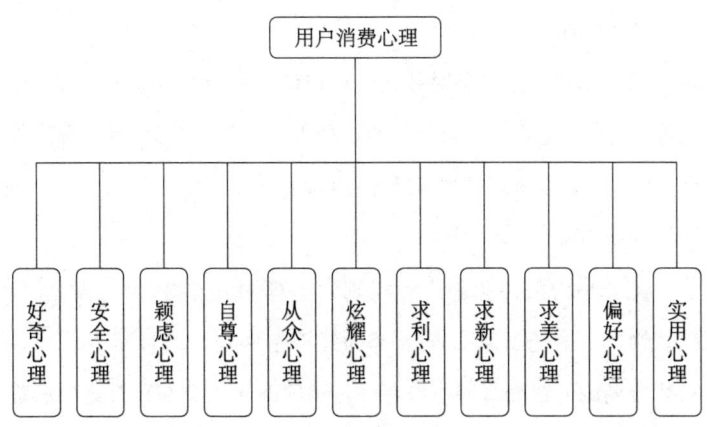

图1-7 用户典型消费心理

实用心理

求实是用户最基本的一种心理动机。任何一个人在选择产品时,首先会考虑其是否具有实际的使用价值。在这种心理驱使下,用户在选购产品时首先会关注商品的效用,比如朴实大方、经久耐用等,而不会过度在意产品外形是否新颖、美观时尚等。

偏好心理

在实用心理的基础之上,还有一种以满足个人特殊爱好和欲望的购买心理,因为不同的用户会有不同的个人喜好,自然在购物过程中,会有自己特殊的偏好,购买符合自己偏好心理的品牌或者产品,从而获得满足。这一心理往往比较明智,指向性也很明确,具有经常性和持续性的特点,为一些品牌和产品带来了持续营销的机会。比如有的人爱养鱼,有的人爱收藏字画、古董,有的人爱旅游,有的人爱家居,等等。这种偏好心理往往同用户的专业、知识、生活情趣相关。

种草文案

求美心理

这些用户挑选商品时往往会注重商品本身的造型、色彩、工艺等。爱美之心，人皆有之，他们会注重商品对环境的装饰及对其自身的美化，以实现精神满足的目的。

求新心理

此类用户最注重新奇，特别爱追赶潮流时尚，作为彰显自己个性的一种方式。他们大都为经济条件较好的青年人，是各种社会潮流的跟随者和引导者。所谓的新新人类都具有这种消费心理。

求利心理

这类用户最喜欢精打细算，抱有一种"花小钱办大事"的求实惠心理，打动他们的核心因素就是价优。同时，他们在挑选商品时，往往会对同类商品之间的价格进行比对，特别爱选择打折或者处理的商品。但具有这种心理的人并不一定经济收入低，也有很多经济收入高却精打细算的人。

炫耀心理

炫耀心理是爱美心理和时髦心理的一种具体表现，通过购物来显示自己某种超人之处。作为经济收入具有明显优势的群体而言，会天然地倾向于追求象征尊贵的商品，以彰显自己的优越感。

从众心理

从众的深层动机是安全感——"买了这个我不会犯错"。在逛电商平台的时候，用户会下意识地购买销量高的产品；用户外出吃饭，也会选择好评高的店或者网红店，看到门前排着长龙的奶茶店，用户会认为奶茶口味一定好。

自尊心理

如果用户在购买过程中,感受到了销售方的热情,就会产生积极情绪;如果用户在购买过程中,被敷衍对待,自尊心就会受挫,以致另选商家。因为自尊心理人人都有,谁都不能接受自尊被冒犯。

疑虑心理

疑虑心理的核心是怕吃亏上当,是一种瞻前顾后的购物心理动机。有这种心理的用户在购物过程中会对商品的功效、质量、性能等持怀疑的态度。因此,在消费过程中,他们会仔细询问或检验商品,并且非常关心售后服务工作,直到疑虑完全消除,才会掏钱购买。

安全心理

这种心理的人在购买商品时最关心的就是产品的安全。特别是对于那些像药品、食品、卫生用品、洗涤用品、电器和交通工具等,确保不能出现任何问题。因此,此类用户会十分注意一些细节问题,比如食品是否过期、药品是否正规、洗涤用品是否有化学反应、电器用品是否漏电、交通工具是否安全等。所有疑虑都打消之后,才会放心购买。

好奇心理

有时候人们不是为了买东西而买东西,是为了满足好奇心而买东西。从"啥是佩奇"火爆网络,到抖音上面层出不穷的新奇好物的热卖(比如之前有一款会吹萨克斯的太阳花突然就火了),都是这种购物心理的体现。

1.4 自我身份认同：我是我，不一样的烟火

人人都知道吸烟有害身体健康，但能够戒烟的人却非常少，大多数戒烟广告靠吓唬劝年轻吸烟者戒烟，但这是没用的。通常年轻人都比较叛逆，越是不允许和限制的事情越要去做，所以吸烟反倒成了富有冒险精神的正面行为。

很多年轻人抽烟，并不是因为喜欢，仅仅为了耍酷，所以万宝路的广告一直都是牛仔形象（见图1-8），这就是做身份认同。所以，写种草文案，一定不要忽略用户的身份认同。

图1-8 万宝路广告

反向推论，如果劝吸烟者戒烟，最好的办法是把吸烟者形象定位成一点也不帅，甚至邋遢猥琐，才有望扭转年轻吸烟者对吸烟行为的认知。

许多产品销量糟糕的主要原因，不是定位，也不是定价，而是身份认同处理不好。因为消费者在做购买决策的时候，觉得产品与自己的身份搭不上边。

比如有一款启动电源，厂家文案把其定位为：

车搭档

这样的文案显得老土，而产品的目标用户却是有车一族。有车一族自然需要对其在经济能力和审美上的认同。显然这样的文案很难让目标用户对这款启动电源产生身份认同。后来，产品的文案做了调整，改为：

安全出行，酷到不行。　　　　　——车搭档·南极光PLUS

而且详情页也改得很高大上，融入国际元素，用了又酷又帅的国际模特，立刻就把销量提升上来。再比如一些线上商家之所以在图片及设计上投入很多精力和财力，就是因为品质好的图片和养眼的场景，能让目标用户产生身份认同，产生消费的欲望。

1.4.1 身份认同的重要作用

不要小看身份认同，很多时候，消费者不买就是卡在这一环。比如飞机杯，大部分男性想买飞机杯，却又克服不了心底的羞耻感。所以必须要用文案打造身份认同，如下：

"性福"的男人更成功。数据表明，飞机杯的使用群体多为社会精英。

这段文案告诉消费者，飞机杯是精英阶层都在使用的产品，并且"性福"的人更成功。如此转变消费观念，能有效地帮助消费者消除羞耻感。

1.4.2 年轻消费者的崛起

《零售商业评论》有一个统计数据：超过70%的中国"95后"消费者更喜欢通过社交媒体购买商品。这种购买行为在全球的平均水平也只是44%，由此可见中国"种草"经济的潜力巨大。此外，《"95后"时尚消费报告》指出：无论在地域购买力、社交价值诉求、消费理念，还是消费喜好方面，"95后"都呈现出与众不同的一面，俨然成为中国"种草"的领导者（见图1-9）。

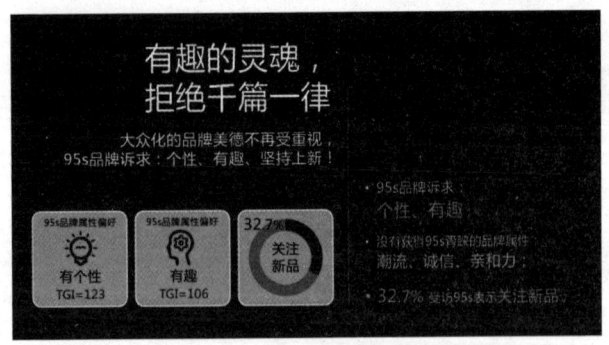

图1-9　"95后"消费群体品牌诉求

"95后"被称为"种草一代",他们的典型特点是经常沉浸在抖音、快手、小红书、B站、微博、知乎等社交平台上。他们不再想要和父母使用一样的产品,他们独立、青春、狂躁,要的是特立独行,要的是自我的认同,打破规矩。为这些消费者打造身份认同感,成为一些品牌必须面对的考验。

比如Levi's牛仔裤,一度销量下滑,就是因为年轻消费者不愿再和他们的父母一辈穿一样的裤子。最后Levi's采用了身份认同的做法,他们重新调整广告文案策略,不去直接展现产品的优势和特点,而在广告画面中只是用一个优美而丰满的裸露臀部来说明一切,同时把Levi's醒目的小红商标钉在上面,配以文案如下:

没有牛仔裤的牛仔裤广告

这条广告文案"杀人"于无形,视感强烈而又毫不媚俗,吸引了众多年轻人。这个创作思路非常简洁而有创意,给人留下深刻的印象,堪称上乘之作。而且这款超级显身材的牛仔裤,只有年轻人能穿,那些身材发福的长辈穿不了。Levi's牛仔裤成了年轻人专属的产品,才重新拉回了销量。

1.4.3 用户购买的是社交价值

在过去很长一段时间里,用户的消费主要都围绕在商品的突出性价比和服务功能体验上。比如,苹果有一款手表,因为是纯金表带,就曾卖出过129000元的高价,一上市便在中国销售一空。它的广告文案如下:

种草文案

这块表，好不一样。

这句文案，没有任何浮夸修饰的感觉，却成为很多人购买的原因。难道用户购买的真的是苹果手表的功能体验和纯金表带吗？并非如此。这类高溢价的商品，人们购买的更多是功能体验之外的东西，也就是社交价值。戴上苹果手表，会给用户"潮""前卫"和"精英"的身份认同。

话题谈资

买了这个东西别人见了立刻会投来艳羡的目光，难免会问这是什么，然后，用户就可以跟别人炫耀了。

个性表达

用户就是要买这种风格突出的衣服，才不管好不好看呢，只要不撞衫、不被无视就行。

情感兴趣

用户会根据自己的兴趣来决定消费行为，比如自己喜欢小清新风格，那么购买的任何东西都要有这种小清新的风格。再比如如果喜欢海贼王，那跟海贼王有关的一切都要买。

高档标签

很多时候，用户也不知道哪个商品好，之所以购买就是因为感觉买了会很显档次和品位。比如一款牛奶，如果广告中强调它销往世界各地，用户就会认为它有品质，喝这样的牛奶会显得与国际接轨，有国际范。

1.5

网络社群：999+的人都被"种草"了，你还不来试试吗

社交媒体的强大带动作用，促进了网络社群的兴起，也让人们对自己的定位越来越清楚，并且喜欢上这种圈层化和部落化的消费，并以此在社交圈中获得大家的信任与认同。这种社群拥有共同的消费偏好与消费需求，逐渐呈现精细、垂直的趋势。在一些QQ群、微信群、小红书上，进行美食的推荐，便是维持该社群活跃度和忠诚度的重要手段。这种利用社群"种草"培养种子用户的方法，也是很多连锁餐厅进行冷启动的重要利器。

姚酸菜鱼：遇见就会爱上。

比如姚酸菜鱼巧妙地将吃鱼与用户的情感联系起来，告诉用户，食物不仅能给予食欲满足，还可以给予精神上的慰藉。由此，集结了一群狂热的粉丝和铁杆消费者，他们在社群里分享各自的消费体验，影响更多人来消费和体验。

比如，小红书以"社群＋电商"的模式给热衷于海外购的人

群提供了一个具有背书作用的口碑数据库（见图1-10），形成一个去中心化、扁平化的社区，参与个体因兴趣而自发地分享和推荐，从而带动平台的销售。在这个模式中，社群成员兼具传播者与接收者双重角色，也因此具有更高的表达欲、参与度和创造性。人们在社群中寻找自己需要的信息，也发布自己真实的感觉，无形中共同建立起一种相互交织的社群关系，从而触发颇具能量的社群经济。这就是依靠成员对社群的归属感和认同感建立，通过服务于社群与成员的需求而得到相应增值的典型案例。

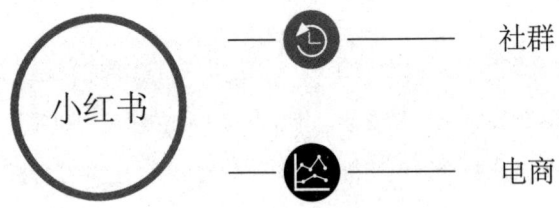

图1-10 小红书"种草"模式

在互联网环境下，超强的传播效应与社群本身超低的运营成本，使得社群非常容易向外拓展，动员效果一级棒。"999+的人都被'种草'了，你还不来试试吗？"面对这句话，谁能够拒绝得了呢？目前已经实现"种草"变现的社群，简单来说可以分为六类：产品型社群、流量型社群、工具型社群、兴趣型社群、知识型社群、品牌型社群（见图1-11）。

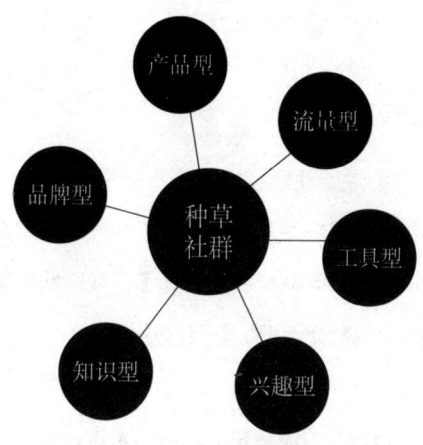

图1-11 "种草"变现社群分类

1.5.1 产品型社群

产品型社群要持续存在，本质上需要依靠口碑营销。与用户构建深度链接关系的社群，在产品质量过硬的情况下，能够很容易地让用户成为产品的口碑传播者。

群蜂效应是指一群有相同兴趣、认知、价值观的用户聚在一起，互动、交流、协作、感染，对产品本身产生的"反哺"作用，一般产品型社群都具有这种特点。

优质的产品能直接带来可观的用户和粉丝群体，而产品的本质即连接的中介，人因产品而聚合成为社群。目前产品型社群已经有了一些成功的实践，如黄太吉煎饼、雕爷牛腩等。与工业时代相比，互联网时代的产品不仅承载了功能属性，还承载了趣味与情感属性。这些产品社群，虽然有实体经营的产品，但其销售方式却颠覆了传统方式。线上线下相结合，充分激发粉丝的参与度和活跃度,最终实现"种草"营销的辉煌奇迹。

1.5.2 流量型社群

流量型社群的主要盈利模式是聚集流量,推广产品。当然,这个产品并不局限于某一种产品。流量型社群的观点是,社群里大家都有相同的价值观、认同感和兴趣标签,并因此聚集在一起。这样的社群,用户可以稳定互动、黏性较高。

那么,只要社群规模合适,就会变成一个渠道,可以去做各种各样的推广,因为群内成员精准。简单来讲,就是把流量聚集起来之后,利用这些流量去赚钱。比如说现在常见的汽车车友群、拼多多砍价群、电影下载群,等等,这些群里面的成员,都是精准流量。

1.5.3 工具型社群

工具型社群的理念是:社群就是工具,找到目标用户的痛点,来解决用户的问题并增加用户的黏性。社群其实在某种程度上,就像产品一样,是产品就需要提供价值,而价值是在特定场景下的价值,离开了场景谈价值就是空谈。

1.5.4 兴趣型社群

兴趣型社群是指社群里所有人都有共同的兴趣和爱好,日常交流和互动都是围绕这两点展开。此类社群形成的关键是"同好",基于"同好",大家积极地在社群中分享、互动和收获,会出现大量的铁杆拥护者。较为常见的类型有手机、汽车、运动、摄影，等等。

1.5.5　知识型社群

知识型社群是兴趣型社群另一种延伸。知识型社群成员非常喜欢分享自己的知识和经验，受到社群成员的认可，大家相互交流和学习，从中得到相互的肯定和尊重。由于群成员在社群活动中是主动自发地交换意见和观念，因此此类社群中经常会出现思想上的激烈碰撞。这类社群通常出现在企业团体内部，由组织成员自动自发组成，进行知识分享和学习，其凝聚的力量是人与人之间学习的兴趣和交流的需求，而不是硬性的工作规定或任务。

比如，2010年年底上线的"知乎"就是典型的知识型社群。通过成员问答和知识分享的形式，为社群用户源源不断地提供高质量的知识信息。

1.5.6　品牌型社群

品牌型社群是产品型社群的一种延伸。品牌型社群与成员之间的联系是以情感利益为纽带的，一切以成员对产品的特殊感情和认知为基础。这些社群成员普遍认为，品牌能够体现自身的形象和体验价值，认为这种品牌价值符合他们的人生观和价值观，从心理上得到归属感，从而产生心理上的契合。

| 种草文案 |

1.6

"种草",私域流量变现的"弹药库"

私域流量是目前还没有统一规范的定义,但是普遍认同私域流量的用户是沉淀留存在自己的流量池中的,具有直接触达、反复利用、免费或低成本激活的特点。这些流量池包括公众号、微信号、微信群、QQ群、App、官方网站、会员卡等。相比之下,公域流量就是那些虽然有很大流量,但是需要花钱才能转化的,比如淘宝、京东、百度这些平台流量。私域流量,具有一个相对比较封闭的环境,用户集中管理,用户与用户之间的关系比较紧密。

无论考虑用户习惯还是导流成本,目前来说个人微信号是比较好的选择,不仅可以和用户进行一对一交流,还可以通过朋友圈的精细化运营,达到"种草"的目的,取得用户信任并实现转化变现。长远来看,私域流量不管是对企业还是个人都有巨大的价值,真正属于无形资产。也正是因为如此,36氪、新世相等自媒体才会创造出那么大的商业价值。现在付费的习惯已经发生了很大的变化,付费者与被付费者不是简单交易关系,已从买卖关系转变为"朋友关系"。

某人的同事小张，大学毕业没多久，是周杰伦的铁杆粉丝，不管周杰伦在什么地方开演唱会，她都会买一张最贵的门票。本来钱包干瘪，为什么非要买最贵的门票呢？她的回答很简单："只有我的周杰伦过得好了，我才更有面子。"这说明付费者只要同被付费者产生情感链接，就愿意为后者毫不犹豫地买单。

因此，现在的电商也好，线下零售也好，必须要会玩微信，必须要发展粉丝，建立自己的私域流量。"种草"，成为私域流量变现的"弹药库"。因为，如果建立一个良性的私域流量体系，能和用户建立情感联系，引导用户从新手到种子用户的转变，无形中就实现用户黏性和平台价值的提升，最终实现口碑裂变"种草"变现，整个过程一气呵成。那些适合在私域流量"种草"的产品，大多具有以下三个特点（见图1-12）：

图1-12 私域流量"种草"变现的产品特点

1.6.1 高客单价

客单价（见图1-13）是指店铺每一个顾客平均购买商品的金额，即平均交易的金额。直接通过平台变现的产品，一般是中低价位，容易触发用户冲动消费的产品。所以，如果一款产品的价格偏高，无法让用户产生冲动购买，可以用私域流量来变现。俗话说的"三年不开张，开张抵三年"，通常描述的都是这一类高客单价产品。

| 种草文案 |

$$客单价 = \frac{销售总额}{成交总笔数}$$

图 1-13　客单价计算公式

普遍的高客单价类目有珠宝首饰、家装、家电汽车、手机数码、名品、奢侈品、家具、乐器等。例如汽车,一天卖出去几台利润就很高了,需要的人员成本和工作量却比卖小食品的低很多。因为同样的销售额,或许高客单价一单就赚回来利润,低客单价产品需要几百件的销量才可能达到。

1.6.2　复购性强

零售市场的本质其实就是一场品牌和产品对于客户的持久争夺战。为了发展新的顾客,品牌方可谓使出浑身解数,投入大笔营销费用,制定各种推广方案,只为在狼烟四起的市场竞争中抓住顾客的注意力。然而,顾客往往并不是忠心的,他们游荡在不同品牌与商家之间,想要永久留住他们并非易事。所以,维护一个老客户的成本要比招揽新客户高很多。

所以,适合私域流量变现的产品,一定要有比较强的复购属性,比如3~6个月内用户会再次或多次购买。

1.6.3　有情感链接

如果我们在微信群里发了一个产品,却没收到任何反馈,这种状态和在电视上看广告有什么区别?私域流量也就失去了意义。

朋友开了一家小饭店，你会因为这种关系而时常光顾，虽然并没有什么折扣，仅仅只是照顾朋友的生意；因为你喜欢的明星代言了一个品牌，你便再也没有买过其他同类产品……像这样，你和产品产生某种情感上的链接，消费行为就在自然而然的过程中完成了。

选择去朋友开的小饭店吃饭，并不是冲着饭菜的特色，而是因为在思考决定去哪家饭店的过程中，你会首先想到在哪里吃其实没什么大的区别，但能够照顾一下朋友的生意，无疑皆大欢喜。同样道理，选择哪个品牌的产品，其实都不是最重要的，重要的是有没有你喜欢的明星代言，这才是让你决定买哪个牌子的关键所在。

所以，产品除了有功能价值外，还需要衍生情感价值，让用户和产品之间产生强烈的情感链接，让用户自发地关注产品。同时，激发流量池中用户之间的链接，实现用户黏性更大化，才能催发出更多的"种草"变现转化。

第 二 章

种草本质：

只为更精准地俘获人心

在《营销革命3.0》一书中，作者菲利普·科特勒提到：被网络连接的消费者，越来越像一个具有共同精神追求和普世价值观的立体的"人"。种草文案要从"交换"和"交易"提升为"互动"和"共鸣"，最好的方法就是精准俘获用户的心。

2.1

圈层"种草",不尝试讨好所有人

在百度中搜索"京东物流+马拉松",你会发现,广州、上海、西安、武汉……几乎是哪有马拉松哪就有京东物流。京东这个营销策略,与其说在寻求跨界,不如更贴切地说是京东在有目的地针对运动圈层做深层渗透。因为,马拉松圈层里那些具备竞技意识的运动人,对速度、效率更为敏感,以"快"著称的京东就精准洞察到这一点。同时喜欢运动的人又具有不错的消费力,是京东的第一消费梯队,撩动这个群体,对京东有双重效益。

改变世界的不是超人,而是永不止步的人。
——京东物流·2019建发厦门马拉松官方唯一指定物流供应商

京东将目光锁定跑圈中极具口碑的悦跑圈,快速将目标圈层卷入事件。此举一是强调品牌速度,二是对运动跑圈的人喊话:我懂你,且我与你一起。

在这个营销事件中,京东作为一个品牌商,并没有直接与用户谈产品,而是借助厦门马拉松在悦跑圈内的影响力,发起互动话题打卡，引发平台大咖参与，从助跑厦门马拉松的角度，塑造了一个暖心的品牌人格，开创品牌与用户舒适和谐的相处方式，从而引发互动与影响。悦跑圈意见领袖、运动达人成了京东的"传声筒"，借助他们的微博、悦跑圈社群、朋友圈等社交网络，京东得以抓取他们背后庞大的粉丝群体于关系链，就此扩展圈层边际，选择在一刻全面引爆，激起社交平台阵阵涟漪。

由此可见，"种草"的过程不一定要有十足的创意爆发，也不一定尝试讨好所有的人，没有噱头也没有暴力，只是运用自己的节奏，慢慢渗入关联度集中的小众圈层，再借这个圈层，提升品牌声誉及知名度，链接更广泛的粉丝和消费群体。此举无疑精准且有效。

2.1.1 圈层"种草"定位最重要

所谓圈层就是你所处的圈子层次，而圈层传播就是"圈子+层次"。比如公务员圈层都是机关团体的公务员，外卖小哥的圈层大多都是外卖小哥，滴滴司机的圈层大多都是滴滴司机，领导者的圈层大多也都是领导。

平生不识定位论，做遍广告也枉然。每个产品在生产和投放市场之前就应该想好，这个产品对应的圈层是什么，有哪些人群，具有什么样的特点，等等。然后再设计营销规模和模式，通过核心圈层影响力辐射外围人群。很多产品早期定位没搞清楚，大多都是有一个感觉然后就去干，虽然在这个过程中发现问题之后进行了调整，最终也走上了正轨，但是这中间却浪费了很多时间、精力和资金成本。

种草文案

这一杯,谁不爱,luckin coffee。

从2018年开始,互联网从业人员及其他行业的白领阶层都会注意到瑞幸咖啡(Luckin Coffee)。这个咖啡品牌非常火爆,但却并非上市不久,在它投入市场之前就已经有了相同模式的"连咖啡"。虽然"连咖啡"和"小蓝杯"都为产品设计了分享机制,"连咖啡"还采用了赠送、团购等宣传方式,却没有火起来。

相比"连咖啡","小蓝杯"以"这一杯,谁不爱"的品牌价值深入新中产和文艺青年群的内心世界(见图2-1)。而喜欢工作时喝咖啡的核心消费群体就是这两类人,可见"小蓝杯"的定位非常精准。而"连咖啡"的定位则过于快消品化和普世化,不管对哪一类人群来说都适合,却也不痛不痒。从产品角度讲关键就在于没有定位好,没有找到自己的核心圈层用户群体。

图2-1 瑞幸咖啡"小蓝杯"广告

2.1.2 预热传播三步走

圈层传播从预热到传播,一定要循序渐进,可以采用视频、话题、挑战邀请三步走的方法,逐步深入。以广汽新能源为新款车型GE3 530造势营销为例,他们没有大范围投放广告,而只在自己的官微平台同品牌的铁杆粉丝及用户进行宣传互动。

第一步:发布视频

官微发布"全面瓦解不可能"宣传视频(见图2-2),视频主要讲述了一名特工获得了机密文件之后被敌人追捕,最后驾着广汽新能源GE3 530顺利逃脱的故事。同时为了进一步吸引受众关注,配合宣传视频,顺势推出特工逃脱版游戏H5,激励受众去闯关挑战。

图2-2 广汽新能源新款车型GE3 530宣传视频

通过游戏H5的细节融入(见图2-3),深度植入新车型的产品性能,不仅加深受众对新车型的认知、体验和好感,更提升受众对品牌的认同和理解。这个视频当时就引发了粉丝和用户的好感,纷纷表示要为新能源"打call"。

▎种草文案▎

(扫码体验)

图2-3 广汽新能源特工逃脱版游戏H5

第二步：微博话题

在经历循序渐进的预热之后，H5顺利上线。广汽新能源选择在传播力度最高的双微平台微博、微信发布。

在官方微博，H5以海报形式上线（见图2-4），用户可以保存图片、扫码体验。此外，还采取转发抽奖的形式，调动受众参与积极性。

图2-4 广汽新能源特工逃脱版游戏H5海报版

在官方微信，H5以阅读原文的形式上线，用户直接点击链接即可体验。两种方式双管齐下，提高了H5的曝光度，给予受众更多参与方式。

第三步：邀请互动

"老吹嘘自己聪明伶俐机智过人，这一次定要让你们翻水水，不信就看下方海报，你能找出多少个独角北鼻？""不服就来战！"（见图2-5）

图2-5 广汽新能源特工逃脱版游戏 H5 微博邀请

在粉丝参与热情高涨时，官博趁热打铁抛出"不服就来战"的通关挑战邀请，刺激粉丝的好胜心，吸引受众参与。同时每隔两小时公布一款闯关秘籍海报。海报幽默风趣却不失暖心，助力粉丝通关进入裂变环节。以此在微博引发热议，实现实力圈粉（见图2-6）。

图 2-6　广汽新能源特工逃脱版游戏 H5 通关秘籍海报

综上分析，小圈层"种草"的影响力肯定不如"大撒网"的影响力大，但这种目的性较强的"种草"，利用原有的粉丝和微博关注度，能够更精准有力地抓住受众心理，相比大面积"撒网"，垂直性的传播更有效果。

2.2

说"人话",建立信任促进成交

我们无论是看《三国演义》,还是余华的《活着》,之所以印象深刻,都是被作品中一个个形象鲜明的"人"打动,无论是感动、愤怒、惋惜等情绪,都是由这个"人"的行为引发。因为不管是宏大叙事的古典著作,还是描绘时代片段的现代作品,都是通过一个个的"人"来作为承载对象,引发读者产生情感共鸣。比如最伟大的演讲家之一马丁·路德·金,在谈论像"种族平等"这样的宏大议题时,也是把这个问题映射到一个个具体的黑人小孩子身上,以此打动人心:

我梦想有一天,在佐治亚的红山上,昔日奴隶的儿子将能够和昔日奴隶主的儿子坐在一起,共叙兄弟情谊。

我梦想有一天,甚至连密西西比州这个正义匿迹、压迫成风、如同沙漠般的地方,也将变成自由和正义的绿洲。

我梦想有一天,我的四个孩子将在一个不是以他们的肤色,而是以他们的品格优劣来评价他们的国度里生活。

归根到底，文案还是人与人之间的沟通，而讲究走心的"种草"文案更是如此。文案的支撑点，必须是把"人"作为独立的个体，而不能归为笼统的"群体"。这就是为什么"极致高贵，享悦生活""欧式贵族，尊崇人生"这样的文案看似高端，但看完之后却毫无感觉的原因。而万科的文案"最温馨的灯光，一定在你回家的路上"，却让人心头一热。

所以，说"人话"是"种草"文案的第一原则。那么说"人话"有没有一个标准呢？事实上，这个标准并不是在于遣词造句，而是看整篇文案的"着眼点"在哪里。想说"人话"，不妨从以下两个方面动笔。

2.2.1 回归本性，小中见大

假设现在让我们要呈现某个高端楼盘"生活闲适""居住惬意"的特点，"畅享生活""极致舒适"这样的俗套描绘，远不如下面这段名为《先生的湖》的文字：

鱼什么时候来，是鱼的事；
先生什么时候来，是先生的事；
先生来钓鱼，那是先生和鱼的事，
先生的湖，是先生和鱼的心灵居所。

对于惬意的理解，不同的人有不同的感受。对于一个工作繁忙的成功人士，能悠闲地钓一天鱼就是最大的惬意。在这个过程中，管他鱼是不是上钩，钓鱼休闲自在的过程才是他们真正想要的生活享受。这个理论和文学作品是一样的道理，无论怎样伟大和高尚的品牌理念，自嗨式的大声嚷嚷是没用的，不会引起用户注意。真正能打动人心的，最终还是要回归到"人"的内心深处。

我们的"种草"对象，是一个个活生生的人，要打动他们的心，就必须跟他们说"人话"。所以，"种草"文案在传达品牌或产品理念及功效时，要掰开揉碎一点点地渗透到用户生活中的各种细节中。

2.2.2 洞察生活，捕捉情绪

什么是洞察？就是看透用户工作生活的小心思，并有办法消解。大街上的每一个人，大都过着平淡的生活，没有经历过什么大悲大喜、大起大落，春夏秋冬过着自己的小日子。生活中常有的好情绪不外乎一些人之常情：回家的渴望、恋爱的欢愉、升职的快乐、升学的兴奋、为人母的欣慰、为人父的紧张、吃到一顿好菜的满足、买到一辆好车的骄傲等。而最常见的艰难也不外乎：归乡的情怯、工作不顺的失落、面试的紧张、逼婚的烦躁、离家的落寞、思念的心酸、毕业的惶恐、加班的抱怨等。这些看似不值一提的小情绪，却是人们整个人生喜怒哀乐的全部。

所以，"种草"文案必须将品牌或者产品特点糅进用户工作生活中的这些小情绪中。只有触碰到人们不易觉察的这些小情绪，人们才会有"你懂我"的共鸣感，而这个过程，就是说"人话"。

"他们说'没戏了。'"（见图2-7）耐克这句情绪化的广告，正是为表达"just do it"这个口号做铺垫，把"just do it"融入"没戏了"这种沮丧的小情绪中，引发广告受众共鸣。

图 2-7　耐克 just do it 广告宣传

事实上,在捕捉用户小情绪的文案中,酒类品牌最有发挥余地,也最容易出彩,其中最为典型的就是江小白。

比如表达孤独:

所谓孤独就是,有的人无话可说,有的话无人可说(见图2-8)。

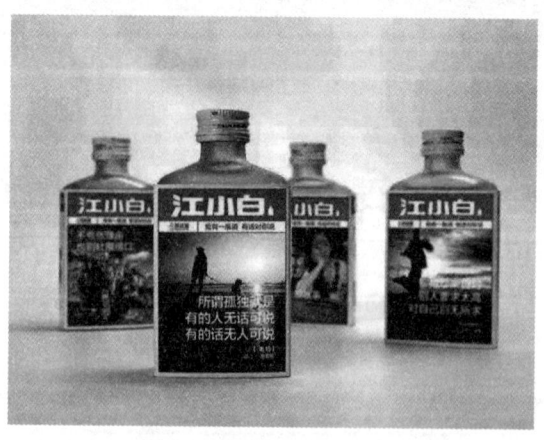

图 2-8　江小白广告文案

比如表达离愁别绪：

从前羞于告白，现在害怕告别（见图2-9）。

图2-9　江小白广告文案

比如表达怀念青春：

青春不是一段时光，而是一群人（见图2-10）。

图2-10　江小白广告文案

比如表达失落：

肚子胖了，理想却瘦了（见图2-11）。

图 2-11　江小白广告文案

孤独、离愁别绪、青春和失落这些情绪，每个人都有过，江小白文案围绕这些情绪，挖掘得足够深，表达得足够准确，因此抓住了用户的心。所以当一个品牌要"种草"一种理念时，与其较为宏观地表述，不如多注意观察生活中的小细节，精准抓住用户的某个不经意的小情绪，去感知、去呵护、去共鸣、去关注，让用户对品牌产生好感、产生共鸣。有些文案之所以写出来让人有"假大空"的感觉，就是因为没有对生活进行仔细观察，所写的东西只是自己的想象，不接地气，写得尴尬，让人看得无感。

2.3

不是卖更便宜的产品

营销有一个基本规律：高价上市，先难后易。如果你低价上市，这样会导致先易后难。因为过分在意价格的用户，既然能被你的低价诱惑，也很容易被其他商家的低价诱惑。而一个品牌和产品的市场成长，在于不断积累忠诚度高的消费群体。

比如用户要买一套房子，预算100万元时，他未必会买80万元的那套房，而可能选择99万元的那套。这并不难理解，尽管每个用户都是"贪得无厌"的，每个人都希望价格更便宜，或者赚到更多的便宜，但没有任何一个购房者希望买到房子之后，自己的家庭生活也是"廉价"的。

父母把我养大，还要帮我带孩子，我欠他们一个体面的生活。

万科这个《重要关系，需要高级空间》广告文案（见图2-12），正是抓住了用户不是只想贪图便宜，而是想为自己爱的人提供一个有品质的生活空间的心理。所以，他们愿意买万科的这个楼盘，尽管这个楼盘比用户出价预期要高一些。

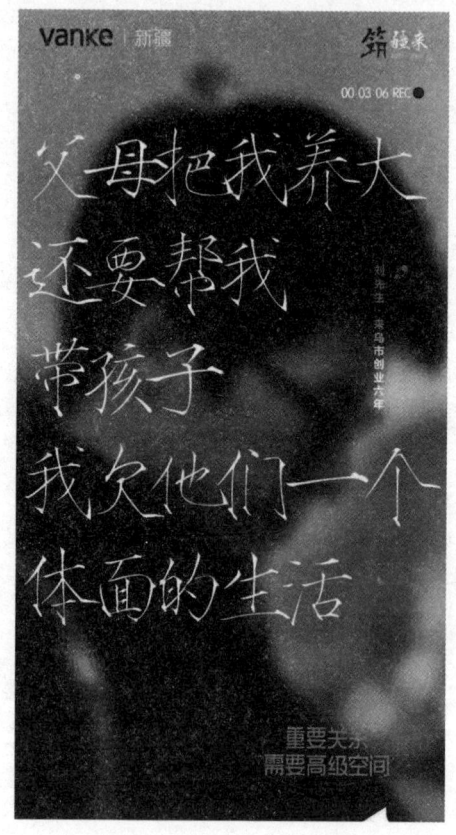

图2-12 万科地产广告文案

所以，品牌占领市场时的广告宣传，一定不能以无底线的便宜作为吸引用户的诱饵，那样只会让销售的路越走越艰难。这就是为什么做生意的时候，店老板会遇到这样一种现象：自己明明已经把价格降到最低了，顾客还是不愿意买，甚至还会觉得贵。这其中最主要的原因，是因为顾客并没有觉得他占到了便宜。或者说，他不会为了便宜去消费，而更看重值不值。抛开价格，产品"种草"可以从以下两个方面入手。

2.3.1 增加附加值

戴尔·卡耐基说过，天底下只有一种方法能够使人们立即行动，那就是明确行动的益处。对于"种草"文案来说，这个利益并不是产品本身具有的核心价值，而是附加值。附加值越大，用户购买的概率就越大。所以，露华浓高管会对员工说："你卖的不是唇膏，你卖的是希望。"IBM的营销总裁会对他的推销员说："每个成功的推销员都知道，你卖的不是产品本身，而是产品带来的利益和价值。"那么写"种草"文案时，如何才能很好地增加产品的附加值呢？以一家旅馆的文案为例。

旅客的核心需求是"休息与睡眠"，围绕这个核心需求，旅馆会提供相应的服务。

第一，提供"本能产品"。即满足"休息与睡眠"这个核心需求的基本用具，比如旅馆里的房间、床、桌子、衣橱、厕所、浴室、毛巾、灯具等。这是服务旅客需要的最基本的条件或形式。

第二，提供"期望产品"。即旅客期望有干净的床、新的毛巾、工作台灯和相对安静的环境。这是他们选择入住时期望和默认的条件。

第三，提供"附加产品"。如在旅馆里，增加电视机、鲜花、迅速入住、结账快捷、美味晚餐和高质量的房间服务等服务功能。这是为顾客提供的增值服务。

第四，提供"潜在产品"。如旅客发现了专门为自己准备的鲜花或者生日蛋糕之类的礼物，这种"潜在产品"就是一种新的服务形式，即为用户提供惊喜的服务。

总而言之，围绕核心价值，"种草"文案中增加顾客特别需要的某些附加价值，就能提高销售的成功率。

2.3.2 提供组合价值

产品是价值的载体，品牌的所有核心价值和附加价值都需要由产品来承载和传达。所以，在写"种草"文案时，要围绕产品种类、性能、质量、设计、组合、品牌名称、规格、服务、包装和退货等方方面面，从用户价值需求的角度考虑所有细节，最后用文字呈现出来，让用户能够感受到自己的价值需求可以得到充分满足。比如乔布斯的苹果公司将iPad能够提供给用户的组合价值分为以下四种：

基本因素：可看电影、看电子书、编辑文档、玩游戏的随身产品。

期望因素：最低3200元的售价、10个小时的续航能力、遍布全球的3G网络。

欲望因素：支持Wi-Fi和"Wi-Fi+3G"两个版本、可更换电池。

惊喜因素：有更多的支持内容，包括App store里各种应用程序、《纽约时报》等报刊、书籍出版商的"数字图书"等。

写"种草"文案时，可以根据自己对用户的价值认知，列出对产品和服务有影响力的所有因素，然后将这些因素分为基本因素、期望因素、欲望因素和惊喜因素（见图2-13），最后再将这些因素组合起来，制定出能战胜竞争对手并赢得用户的方案。尤其当你的产品价值比较单一时，就特别需要提供组合价值，这样才能发挥核心价值的作用。

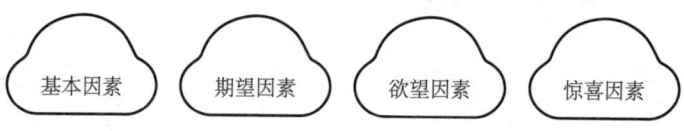

图 2-13 "种草"产品的组合价值

再比如，同样是销售一款遥控玩具，普通文案只让人看到产品本身，突出强调这款玩具如何操纵自如，如何好玩，诸如此类，一一展示给用户，生怕有遗漏。但在这个过程中，却忽略了产品所蕴含的对用户有益的组合价值。比如孩子在操纵玩具的过程中，会培养自我控制、自我协调的能力，有助于形成抵抗外界不良干扰的心理素质。同时，这种遥控玩具，还能够培养孩子的团队意识和领导意识。所以，相比之下，向用户提供组合价值的"种草"文案在促成用户消费方面，更胜一筹。

2.4

直击用户痛点,"种草"的刚性手段

什么是痛点?有人说痛点,是未被满足的、急需解决的需求,也是人们的刚性需求,俗称"刚需"。但真的是这样吗?

事实上,不是所有的刚需都能成为痛点,痛点并非这么简单。在经济学理论中,痛点的本质不是一个未实现的目标。因为如果目标未实现,你没有被满足,你只是难受而已。而痛点不妨理解为用户最害怕的一点,也就是用户最恐惧之处,若解决不了,生活就很难继续。

那么用户最恐惧的痛点都有哪些呢?可以参照马斯洛的需求模型(见图2-14)来解答这个问题。

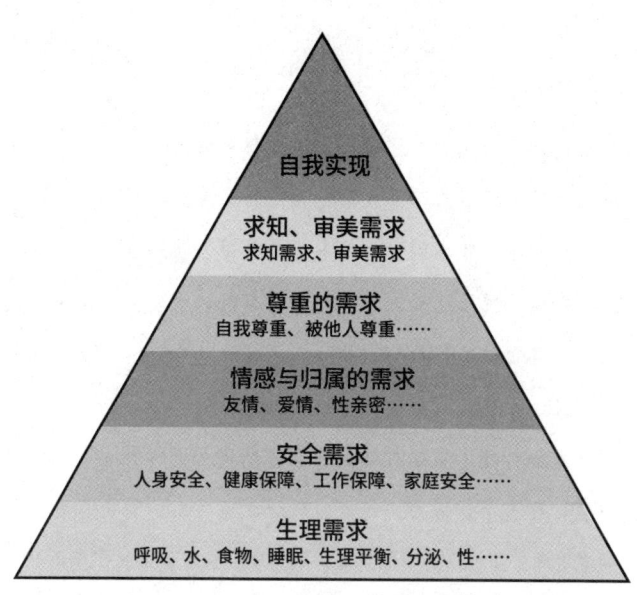

图 2-14　马斯洛的金字塔需求图

在马斯洛的金字塔需求图中,越是金字塔下面未能满足的需求,越让用户恐惧。

这些痛点都有一个共性,那就是未知性。那么,这样具有未知性的痛点从哪里寻找呢?可以参照下述两个方法。

2.4.1　从用户内心找痛点

写痛点文案之前,需要先精准捕捉到用户真正的痛点,然后把它放大,用文字呈现出来。让用户能够从中产生情感共鸣,重新审视自己的现状,找到不合理之处,最终下定决心改变。关于这一点,我们可以拿营销达人李叫兽归纳的11个痛点心理模板作为参照。

种草文案

补偿自己（在付出辛苦努力之后，我们往往想对自己好一点，补偿一下自己）。

补偿别人（别人为自己付出太多，想补偿他人）。

落后心理（不甘心落于人后，改变行为）。

优越心理（让我感到优于他人，并且可以值得炫耀）。

择优心理（两个选择，哪个对我更有利，我就会选择）。

经验习得心理（不重复同样的失败或挫折，现在进行有利选择）。

理想身份心理（我也想成为你说的那样的人）。

回避身份心理（不想被看成自己不想成为的那种人）。

完型心理（不能因为差一点，就让之前付出的努力白费）。

两难心理（两个选择我都想要，如果两个都能获得就完美了）。

一致性心理（我的理念行为向来都是一致的）。

以上一共11种痛点模板，可以代入自己的文案之中，作为"种草"的一种通用手段。在很多"种草"的爆款产品、广告文案中就是利用这些模板，去捕捉不同人群和不同场景中目标用户产生的心理痛点。比如：

如何花485元，做到30天PPT从入门到精通？

每天花一分钟学一招金句文案，每月多赚1万元！

从以上两句文案中可以看出，从用户想精通一门技术、多赚一些的迫切需求，却又怕花钱、怕占用太多精力、怕学不到干货的内心担忧入手，找准用户真正的痛点，一语中的，让其不由自主地动心。

2.4.2 从使用场景中找痛点

据统计,每天从睁开眼睛到睡觉的一整天时间里,我们大约要接收1000条广告。即使不看这些广告,也有大量的新闻、视频、游戏等,随时随地供我们消磨时间。可以说,大部分人每天的碎片时间都被填满了。

在这种情况下,如果你还是按照下边的套路写文案,用户就会直接无视。

地产文案:

一席尊天下,给世界一个新的高度。

山湖之上,尊贵生活。

产品文案:

智享科技,悦启生活。

简于形,型于心。

遇见更美丽的自己。

这样的文案用在哪个产品上都可以,所以,找不到用户痛点,自然说不到用户的心里去。那么有没有方法可以在第一次触达用户时,就能促使他对产品产生购买兴趣?这里提供一种有效的手段,就是每当用户在经历某个场景,使用产品特别不方便之时,你的"种草"文案如果能基于他的这种不便,找准他的痛点,那么当

种草文案

他在下一次遇到同样状况时,第一时间就会想到你的解决方案。比如:

怕上火场景:怕上火喝王老吉(王老吉文案)
心理痛点:怕上火

手机没电场景:充电5分钟,通话2小时(OPPO文案)
心理痛点:怕手机没电

送礼场景:今年过节不收礼,收礼只收脑白金(脑白金文案)
心理痛点:怕不孝

以上这几个"种草"广告语的例子,就是将产品高频使用的次数和场景与用户痛点紧密结合起来。事实证明,结合得越紧密,用户想到我们的产品就会越快,越可能产生购买行为。具体方法有以下三个供参考:

开门见山式:给出解决方案—设置场景代入—用户心理痛点。
突出忧虑式:用户心理痛点—设置场景代入—给出解决方案。
突出信心式:用户转化成本—设置场景代入—用户心理痛点—给出解决方案。

2.5 "有料"的内容,引爆用户注意力

任何一个人都不喜欢看广告宣传文案,这是所有品牌和产品在做广告文案策划时,必须要面对的一个事实。所以,一篇成功的文案最关键的一步,是如何吸引用户至少能够"看一眼"。因为在信息的汪洋中,互联网经济的竞争本质上是注意力资源的争夺战。当下大热的短视频,要么搞笑,要么励志,要么鸡汤……往往在开始的十几秒内就使出浑身解数,为的就是能在碎片化的时间里,带给受众更强烈的刺激和感受,争取到受众的注意力。

所以,成功的"种草"文案,要么有亮点,要么有槽点,或者短平快地解构、无厘头、戏谑、反差萌,都可以充分激活观者的猎奇心理,用新奇的"料"和"梗"抓住其注意力。同时,采用接地气的图文视频内容和娱乐化的传播方式,降低用户获取信息的成本,增加信息可读性,顺应用户求"懒"的心理。

总之,有料的信息能够快速抓住用户的眼球,不但不会引起用户的抵触情绪,反而会激起消费者兴奋的情绪,从而使用户产生购买欲望。例如肯德基在"疯狂星期四"的活动中(见图2-15),通过明星代言、挑逗味蕾的文案、诱人的图片来吸引用

户眼球，让用户在短时间内获取到产品信息，形成消费行为。

图 2-15 肯德基"疯狂星期四"活动海报

那么，在"种草"文案创作上，有哪些"有料"的技巧能够吸引用户的注意呢？

2.5.1 要有知识缺口

当我们觉得自己的知识出现缺口时，会产生心理上的痛苦，这时好奇心就会产生。这是卡内基梅隆大学行为经济学家洛温斯坦对好奇心的解释。那什么是"知识缺口"呢？洛温斯坦认为是当人们的认知可以解释自己看到的现象，也就是说二者的关系是相伴平行的（见图2-16），这是正常情况。可是当某种特别的现象出现，人们的认知无法解释时，会产生一个缺口（见图2-17），好奇心由此而生，从而促使人们想方设法去搞懂这个现象，以填补缺口。

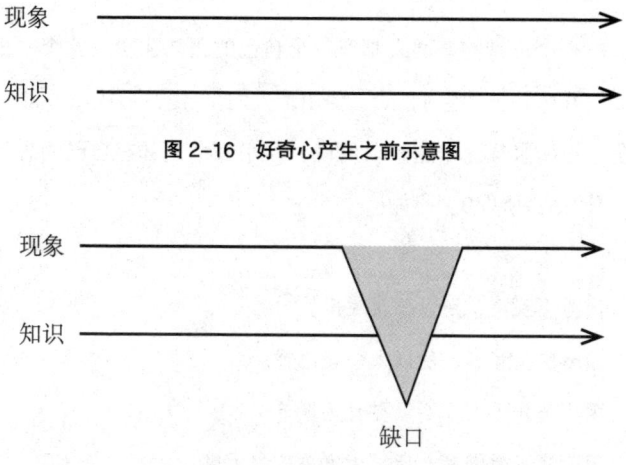

图 2-16　好奇心产生之前示意图

图 2-17　好奇心产生之后示意图

比如当有人声称：

我在街上看到一个人在用脚走路！

人本来就是用脚走路的，谁都不会为此好奇。可是当有人告诉我们：

我在街上看到一个人在用头走路。

这个现象用我们的知识就无法解释了，人怎么会用头走路？这个人为什么用头走路呢？好奇心便产生，注意力就会被抓住，想马上填补这个知识缺口。所以如果"种草"文案想要让用户产生好奇心，就必须先在他们的知识上打开一个缺口。

2.5.2　试试反逻辑

每一个正常的普通人都有一个自己的正常逻辑。这个"正常逻辑"虽然不一定绝对正确，但由于人们在自己的工作生活中一直都在运用和服从这个逻辑，所以，几乎每个人都有自己的思维惯性：因为A，所以B。比如：

因为去洗澡，所以要脱衣服。
因为发生坏事，所以人们会悲观。
因为是外国人，所以要过圣诞节。
因为我要弹钢琴，所以大家要安静下来。

如果事件是按照这些正常逻辑发展，人们就没有兴趣去关注。如果想要引起用户注意，必须将正常逻辑反过来，制造一种非正常逻辑，也就是反逻辑。比如：

最好穿着衣服洗澡。
由于江景太壮观，所以建筑是全玻璃幕墙无遮拦，挂帘不挂帘。

新标准，不解释，说一不二。　　　　　　　——定江洋

定江洋地产文案就做到了这一点：为什么"最好穿着衣服洗澡"呢？这一反常举动引发了人们的好奇心，最后才搞明白，原来定江洋地产的住宅是"全玻璃幕墙无遮拦"。很明显使用了反逻辑技巧。是啊，谁洗澡是穿着衣服洗呢？但如果住宅全是玻璃幕墙，透明和曝光度极高，那必须得保护隐私。这样一来，通过搞笑话语，使得用户接受了这个反逻辑，产品卖点就此成功植入其心智，留下深刻印象。

2.5.3　制造极致信息

制造极致信息也是"种草"文案最为常用的技巧之一，因为将产品的某个特点放大到极致，在操作上十分简单。《北京青年报》曾发布过一组创意主题文案，叫《新闻是有分量的》。在这组文案中，将"新闻的分量"这个卖点充分放大，把想象发挥到了极致。

重到汽车被压得翘了起来（见图2-18）。

| 种草文案 |

图 2-18 "新闻是有分量的"主题创作文案

重到两个壮汉才能抬得动（见图2-19）。

图 2-19 "新闻是有分量的"主题创作文案

国际推销专家戈德曼总结的文案创作的基本理论即AIDA法则，就将A（Attention，吸引注意）放在了第一位，其次才是引起

种草本质： 只为更精准地俘获人心

兴趣（Interest）、激发欲望（Desire）、促使行动（Action）。上述《北京青年报》的主题文案用的也是这样的套路。首先，用"有料"的内容成功引发用户的关注、好奇和注意。为什么一张报纸会让汽车都翘起来，两个壮汉也抬不动呢？接着顺势将品牌信息、产品信息和优惠信息等真正想要传达的内容呈现出来。如果一开始没能成功吸引到用户注意力，那么接下来的一切技巧就无从谈起。

而这一独特的表达手法，会让用户心领神会、大呼过瘾，心甘情愿被"种草"。

这就是互联网时代的一大特色，越是新奇的文案越容易被受众关注，而这一类的文案大多有一个特点——有料。

2.6 善用比较模式，制造新的消费需求

"没有对比就没有伤害"，这句话用在"种草"文案中同样适用。因为人们判断事物好坏的标准，一般只能通过对比来实现。不仅跟他人对比，还跟希望得到的对比，跟预期对比，跟过去的自己对比。比如，一款知识付费App利用比较心理做的广告文案：

每天30分钟，精读一本书。（预期）
不要让未来的你讨厌现在的自己。（曾经）
你的对手正在偷偷地学习。（他人）

这组文案分别利用"现在与预期""现在与曾经"和"自己与他人"之间的对比激发用户的需求，从而达到"种草"的目的。如果这组文案只是说：

百名超级大咖，同时在线倾囊相授。

这个卖点确实不错，但是用户会想，百名超级大咖在线跟我有什么关系呢？这就好比老板跟缺钱的员工大谈理想，而不是叫他努力一点下个月给他涨工资。所以，知识付费平台的很多文案经常运用对比方法让用户看到现实和理想之间的差异，从而引发其消费需求。那么，这三个比较层级如何很好地利用在"种草"文案当中呢？下面我们一一分析。

2.6.1 "现在与预期"比较

一般情况下，人的行为经常与预期不同，甚至会出现很大差距。导致这种结果，并不是人们不想做，而是受一些外在因素的影响。比如很多人下定决心准备减肥，但就是抗拒不了美食的诱惑；或者买了很多书，收藏了很多好文章，却总也没时间阅读，反而有时间看八卦新闻、热播剧；再或者，医生叮嘱按时吃药，却总是借口工作太忙而忘记……

鉴于此，如果某一款产品的出现，可以很好地消除用户"现在"行为与"预期"目的之间的差距，那么这款产品就容易被用户接受。比如：

Keep，你手机里的健身教练。　　　　——Keep广告语

以往用户想要科学地锻炼身体，需要到健身房请专业健身教练指导，需要安排专门的锻炼时间，并且锻炼费用不菲。但有了Keep之后，只要有一部手机，随时随地就能进行有专业人员指导的健身，有助于用户更容易地实现健身预期。

你关心的，才是头条。　　　　　　——今日头条宣传语

过去很多平台的资讯内容推送都是单向标准化，如果网友想要看自己需要和感兴趣的内容，还得自己去搜索。但现在登录今日头条，就不需要这样费时费力了，平台会根据用户的阅读习惯，精准推送用户需要和感兴趣的内容。

2.6.2　"现在与曾经"比较

一个人如果从豪宅里搬出来，再选择住处就比较难，因为哪怕是稍微差一点的豪华住所可能都无法接受。而如果从茅草屋里搬进宽敞的砖瓦房，无论砖瓦房多旧，也会觉得幸福。也就是说，如果"现在"与"过去"相比变得不好了，人们会产生一种身份"跌落恐惧感"。这种不安会让人们拼了命维持现状。

例如，互联网时代层出不穷的新概念、新思想、新趋势经常刷爆人们的眼球，激发人们去学习、关注，否则会感觉自己跟不上时代。而一旦落后，就很可能产生"跌落恐惧感"。庆幸的是，知识付费的出现缓解了人们的这一焦虑感。所以，如果用"现在与曾经"的比较模式，只需要提示消费者如果现在不改变，未来就会形成一种身份跌落，比如：

这个时代正在淘汰不愿学习的人。　　　——尚德机构
故乡眼中的骄子，不该是城市的游子。　——某地产广告
不要让未来的你讨厌现在的自己。　　　——知识付费App

2.6.3 "自己与他人"比较

生活中人们免不了会与他人比较,同事、朋友、对手,隔壁家的孩子都有可能成为自己比较的对象。这种比较,有时会令人产生负面情绪,有时会令人感到满意。鉴于此,"种草"文案可以采用"自己与他人"比较的模式。比如:

又有朋友结婚了,明明你更优秀。　　——MarryU高端婚恋平台
你的竞争对手正在偷偷地学习。　　　　　　——知识付费App

在这个"自己与他人"比较的模式中,只需要在用户与相近属性的人进行对比中处于下风,使用你的产品可以很好地扭转局面,即提示用户:"现实满足不了你,我的产品可以更好地满足你,让你反败为胜,比别人得到更多。"

又想要陌生的风景和窗,又想要熟悉的早餐和床。

——上途家

上帝欠你的,韩氏还给你。　　　　　——某整形医院
江疏影的5000块的外套,我找到了500块的平价替代。

——某服装销售

这组快捷酒店、整形医院和服装销售的文案,用对比的模式重新点燃了用户的需求,让用户更愿意接受。

第 三 章

种草攻略：

自带一万个非买不可的理由

如何在用户心里"种草"？从这几个问题出发：用户是谁？如何与用户产生情绪上的共鸣？如何找卖点而不是陈述产品信息？如何讲好一个"种草"故事？……从用户的角度出发，就是最核心的"种草"攻略。

3.1 精准区分,确定你的"草"要种给谁

广告界有个说法,认为广告要做成"窄告",才有价值。意思是说,文案要精准针对某个狭窄的目标群体,并使用这个群体通行的语言,去传达诉求。

对于"种草"文案来说,想要做到"窄告",有一个十分重要的前提,就是精准细分用户。而要想精准细分用户,起码要同时满足三个条件:规模性、可识别、能接近(见图3-1)。

规模性　　　　　　可识别　　　　　　能接近

图3-1　细分用户的前提

(1)规模性,也有人称之为可盈利性,它是一个"市场"成立的基础。也就是说在这个市场中,必须要有足够数量的用户,给品牌和产品提供足够的利润。如果在这个市场中,压根儿就没有多少用户存在,那即使产品再牛,也白搭,因为根本没有足够利润支撑。

（2）可识别性，就是这个市场中用户的某些特征是可以被识别、被总结的。比如"在北上广打拼的职场新人"，就是一个具有识别性的、清晰的市场细分。如果你研究半天，并不能总结出一个清晰的市场描述，那么它也不是一个细分市场，因为你找不到具体目标。

（3）能接近。有的细分用户群体，你看到了，清晰总结了，也有很大规模，但就是不能接近或者不能以合理成本触及，那也是白费。所以，细分用户最关键的步骤，就是找到具有"相同核心"特征的用户（或潜在用户）。唯有"相同核心"，才能洞察其共同需求，触及其共同心灵，使用其共同语言，打造其集体共鸣。最常用的用户细分策略包括以下四种。

3.1.1 统计细分

这是一个最常用、最简单的市场细分策略。它是通过对潜在用户可以被统计、量化的具体特征来进行细分的，比如年龄、性别、收入、受教育程度等。

举例来说，高端别墅和普通住宅面向的用户群体其年龄和收入必定有极大差异，因此他们对待住宅的态度也势必不同。所以在写"种草"文案的过程中，就要根据这些不同的特点，使用不同的语言风格，塑造不同的利益点。

会包容的小户型，才装得下不讲道理的爱情。

这个普通住宅的文案，目标群体为收入不太高的年轻人，刚刚开始为生活打拼。所以文案着重强调住宅实用、经济，采用的语言又很网络化，目标群体读来没有距离感。

走得再远，还是没有走出最初的地方。

而这则针对高端收入人群的豪宅别墅"种草"文案，采用倾向于文化性、高格调的语言风格，来打动那些整日忙碌的人们，勾起他们对旧时光的回想，对质朴自然生活的美好向往。

3.1.2 地域细分

各地区在方言、风俗、文化等方面都有各自的特色，这就给了我们按照地域去细分的机会，其中最为常见的便是将方言融合进文案。比如耐克比较火的一组文案：

甭信我，服我。

因为是在北京地区进行广告宣传，所以耐克这则广告文案采用了北京话"甭信我"做主题，拉近了与目标消费者之间的距离，使得品牌形象更具亲和力。

3.1.3 心理细分

心理细分，就是指按照用户的生活方式以及个性特点，去细分出一个市场。

听见云走了，风在说话。树叶朝着阳光微笑，他们觉得你被伤感吞没了，其实你只是感受到了全世界。

这是淘宝店铺"步履不停"的广告文案，一家文艺特点明显的服装店。因为，他们的用户群体大多热爱文艺、心思敏感、向往远方，于是他们的文案采用这样的风格，更符合和接近目标客户的气质。

我想怎么样活在这个世界上，与世界无关。

凭什么喜欢一个人，就一定要变成她喜欢的样子。

手表唯路时的文案，便是用这样的方法来细分用户群体，用文案传达出独立、自我，甚至有些反叛的态度，去吸引具有相同生活态度的潜在用户。

3.1.4 场景细分

消费者在不同的场景中，会做出完全不同的消费选择。比如朋友聚会和独自落寞时，在饮品的选择上就会大有不同；或者工作日与假期，选择的休闲方式也会明显不同。这都是人之常情。所以，"场景"应该成为一个细分用户的变量。

像RIO这个酒品牌，想要占领的场景便是"独饮"，也就是"一个人的小酒"。

真是莫名啊，在这杯酒之前，好像也没有那么喜欢你。

▍种草文案▍

让我脸红的,究竟是你,还是酒呢?

文案以一个小女生"独处时"的暗恋小心思展开,把女生一个人喝酒时的情形充分展现。因为,很多女孩子喝酒,并不是喜欢酒,而是喜欢看自己酒意中面色微红的娇媚,微醺时流溢的柔柔眼波。此时,可以尽情想象自己爱恋中的人,那份轻松,浅浅的眩晕,手脚轻盈如舞步般的袅娜,自有一份独有的沉浸向往,引人入胜。

3.2

情绪共振,触发用户情绪 G 点

曾经有过这样一个故事:某个心情低落的人找到一个伤心过度的人聊天,结果两个同病相怜的人越聊越伤心,最终一起自杀了。这个故事的结局,就是找情绪共振导致的极端后果。在生活中,情绪是一种很常见的现象,比如听郭德纲的相声,会引发快活的情绪,而看悲情片,会引发心痛的情绪。

相对而言,情绪比情感更容易被唤起,所以在篇幅有限的"种草"文案中,用情绪共振来触发用户情绪G点(兴奋点)是更好的选择。

首先,许多媒体新闻报道经常在标题中添加"震惊""可怕""气愤"等情绪化词语,因为这些具有情绪刺激的词语,能够把用户的注意力吸引过去。

其次,引发情绪可以加强记忆。尽管有时记忆的内容与情绪无关,但因为是发生在强烈的情绪条件下,记忆的内容也会因此而深刻。这就是为什么我们会忘记经历中的大部分事情,但对于非常紧张(例如第一次和异性表白)、悲伤(例如亲人去世)、高兴(例如考试成绩排名第一)、自责(例如被父母、老师批评)的时刻，却总是记忆犹新。

最后，情绪可以促进社交分享。当人们特别开心、愉悦，或者产生恐惧、怀疑的时候，都会忍不住分享给别人。

因此，很多广告都具有情绪，正是为了有效地促进人们对品牌产品的购买。

"种草"文案中的情绪分类可以从两个方面入手：正向情绪和负向情绪（见图3-2）。

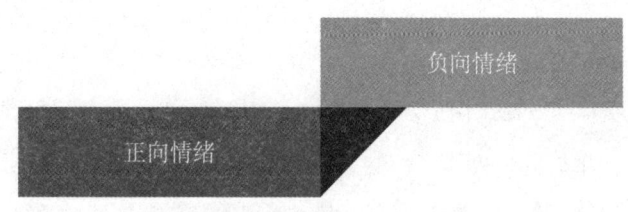

图3-2 "种草"文案中的情绪分类

努力不一定要回报，但至少可以把我和与我同样努力的人联结在一起，这样我就遇到更好的人。

总不能把这个世界拱手让给那些我瞧不上的笨蛋。

最痛苦的事，不是失败，是我本可以。

看完上面三个广告文案，无形中给人鼓舞，从而信心满满，甚至有些激动地想与这个世界再次交锋。这是正向情绪，即给人积极向上、正能量、热情、激动、喜悦等感受。

世界上其实没有贵的东西，只有我买不起的东西。

后来才知道，长得帅不一定娶得到老婆，但是有钱可以。

以上两个广告文案，是一款名叫UCC的日本咖啡"每天来点负能量"的主题文案内容，一句句让人感同身受的文案，有的关于现实，有的关于金钱，每一句都像是在说生活中的我们，令人扎心，从而印象深刻。这就是负向情绪，即给人失望、绝望、哀伤、失落等感受，引向差结果，让人认清现实。

如今，品牌的广告形式越来越多，除了铺天盖地的广告占据用户的视觉外，谁的文字抢先调动用户情绪，谁就可能是赢家。那么如何写出能够引起情绪共振的"种草"文案，牢牢抓住用户的心呢？掌握下面三个小技巧，可以事半功倍。

3.2.1 贴近现实，增加代入感

有情绪的文案都有着强烈的代入感，每一代人都有着相似的经历或回忆，如对童年动画片的喜爱，初、高中时对妈妈口中别人家的孩子愤恨讨厌，情侣毕业异地生活的不舍和难过，渴望一夜成名的成功，等等。

那几天，我和我的床有约会，别找我开会；那几天，想哭就哭，用眼泪洗掉坏情绪；那几天，用球鞋代替高跟鞋，找阳光去逛街。女人月当月快乐，护舒宝。

女孩子来例假每个月总有那么几天会身体不舒服，情绪敏感脾气变大，非常"易燃易爆"，而且什么都不想做，只想穿着舒服的衣服赖在床上一动不动。护舒宝捕捉到这些细节，引导女孩子们

可以选择换一个视角去看待生活——生活中有些改变会有不一样的收获和乐趣。于是就有了上边那篇《快乐宣言》。由此可见，只有在文案中代入真实生活场景与感受，尽可能地贴近现实，这样所呈现的喜怒哀乐，用户才能真切感受到。

3.2.2 第一人称好过第三人称

爸，小时候我曾问你，为什么大人要喝酒，你说因为小孩子不喝酒也开心。现在我懂了，我不打算漂了，想回家了。

妈，我饿了。妈，我穿秋裤了。妈，我想你了。

江小白发布的这组海报，用第一人称"我"将在外游荡的人们想说的话全都说了出来，很多人看完这组文案，直接泪崩。这是因为，人们通常只对与自己相关和自己喜欢的事情感兴趣。而第一人称具有强烈的主观感受，"我"有着什么样的情绪，有着什么样的情感和情绪诉求都可以尽情表达。当用户开始用"我"来阅读广告文案，就能在其中一点点地发现产品是否能解决自己的问题，从而决定是否购买。

3.2.3 寻找落差感，营造情绪对比

我们需要一位实习生，因为之前的那位已经成了CEO。

这则招聘启事，利用"实习生"与"CEO"二者的身份地位的对比，暗示这个岗位前程不可限量，只要足够努力就不无可能。这种本人与理想身份之间的落差感，能激起人的斗志，能诱发人的

热情，而两者强烈的对比可以将用户的情绪从低落带到高涨。曾有一个比较典型的广告案例，一个招聘广告，左半部分是找到工作前的落魄，右半部分是找到工作后的精神抖擞。这种落差对比可以轻松带动用户的情绪，毕竟谁都希望未来的生活越发美好。

  事实上，生活中，每一个人都希望成为自己心目中向往的人。如果你的产品能够让用户感觉可以让他靠近或者成为心目中向往的那种人，那么他就非常愿意选择你的产品。基于用户的这个心理因素，写"种草"文案之前，我们需要先洞察目标用户想成为什么样的人，心中特别渴望强化自己的什么身份特征，且他向往的人一般具有什么特点，最终要做的就是把他们渴望的标签与产品建立联系。

3.3 注重卖点，而不是结论

人民币一块钱在今天能买点什么？或者，也可以到老罗英语培训听八次课。

老罗英语培训的这则经典广告文案，他想要传达的卖点是"一块钱听八次课"，并没有直接给出"便宜"和"划算"的结论，而是拿"一块钱"可以购买什么，引导人们去进行比较，从而推理得出听课"便宜"的结论。所以，好的文案，注重的一定是过程，而不是结论（见图3-3）。

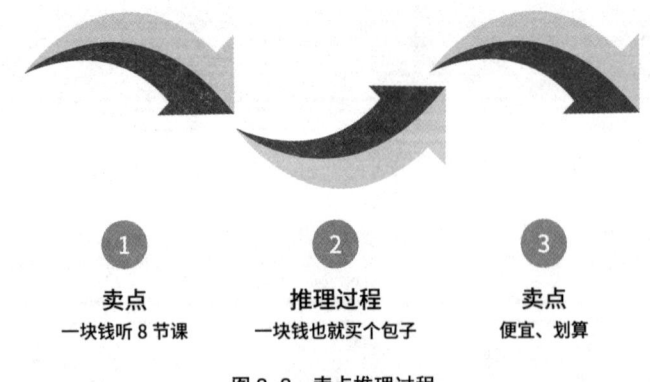

图3-3 卖点推理过程

在"种草"文案中,从卖点到结论的呈现过程,常用的主要有呈现事实、认知对比、呈现假定三种方式。

3.3.1 呈现事实

在文案中将产品的特点还原成具体事实来呈现,引导消费者在事实中得出结论,是一种非常有效的方法。

那就是我,神经高度紧张地躺在这辆崭新的Volvo车下。几年来,我一直在我的广告中吹嘘Volvo车的每一个焊点都非常牢固以至于足以承受整辆车的重量。有人认为,我应该以自己的身体来验证我所说的话。于是,我们把车悬挂起来,而我则爬到了车子底下。

当然,Volvo740不负所望,而我则得以活着出来把我的经历讲给大家听。

比如这则Volvo的经典广告文案,想要传达的卖点是:Volvo非常安全,每一个焊接点都极其牢固。但是在文案中,并没有直接告诉你这个焊接点到底牢固到了什么地步,而是呈现事实:任何一个点都可以支撑整车的重量。

0.47超低容积率,18.3%超别墅建筑密度,只允许五分之一的地面上生长房子。自然,错落,三叶虫式总规布局,再现葡萄原乡小镇天然意趣。

这则地产经典广告《七宗最》之一的文案,想要传达别墅区的建筑密度低，房子之间不拥挤的卖点。同样，没有直接给出结论，而是呈现事实，让购房者自己领会。

我们不生产水，我们只是大自然的搬运工。

农夫山泉这则经典广告文案，只是呈现产品"天然"的事实，引导用户得出"天然矿泉水"的结论。

3.3.2 认知对比

用对比的手法来说明产品卖点，也是一种较为常用的方式。

十年间，世界上发生了什么？科学家发现了12,866颗小行星；地球上出生了3亿人；热带雨林减少了6,070,000平方公里；元首们签署了6,035项外交备忘录；互联网用户增长了270倍；5,670,003只流浪狗找到了家；乔丹3次复出；96,354,426对男女结婚；25,457,998对男女离婚；人们喝掉7,000,000,000罐碳酸饮料，平均体重增加15%；我们，养育了一瓶好酒。

这则经典的长城葡萄酒文案《十年间，世界发生了什么》，就是利用与世界上其他"大事"的强烈对比，来形成结论：一瓶品质优良的长城葡萄酒，十年才可以做出来。

药液中加入拟除虫菊酯（氯氟醚菊酯）和TOTAL溶剂，加热挥发至空气中，使蚊子神经兴奋，并促使过度兴奋后麻痹、无法动弹。大部分市面电蚊香会加入香精,让空气变得沉闷,刺激小孩。

这篇文案通过市场大部分电蚊香会加香精的事实,来突出自身产品"不含香精",从而突出自家产品天然无毒,不会让空气变得沉闷,更不会刺激小孩。

这种对比,可以让文案更生动,让读者印象更直观(见图3-4)。

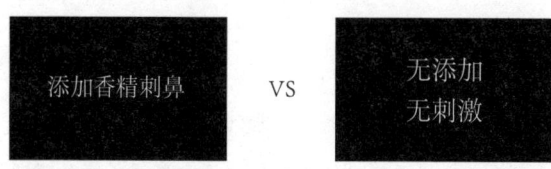

图3-4 产品成分对比

但如果只是这样写:

无添加不刺激,持久驱蚊。插上插座后,无须拔插,开关控制。

很多读者都表示看到没什么感觉和印象,也没有想买的欲望。因为,对于人类的大脑来说,如果两件东西很不一样,往往会认为它们之间的差异比实际的更大。所以,采用对比法来突出产品卖点,可以很有效地激发用户的购买欲。

3.3.3 呈现假定

在文案上,"呈现假定"会有两个方向:之前假定和之后假定。我们首先来看之前假定。

所谓之前假定,就是"假定"一个使用该产品之前的场景,比如限定某类人群最好不要使用该产品,用以说明卖点。

种草文案

假如你还需要看瓶子,你显然不在恰当的社交圈里活动。假如你还需要品尝它的味道,那你就没有经验去鉴赏它。假如你还需要知道它的价格,翻过这一页吧,年轻人。

文案之神Neil French为皇家芝华士写作的文案,就是先假定某一类人不适合饮用这款酒,用以说明这款酒的高贵。

在没有买到XO啤酒之前,想体会喝后的感觉。你只要把骑警的坐骑尾巴掀起,塞个冰块进去,即可。找不到马时,对骑警如法炮制,亦可。12%的酒精,仅在少数铺设有舒适地板的酒吧供应,XO啤酒最好躺着喝它!

还是文案之神Neil French的文案,针对的产品是XO啤酒,主要传达饮用啤酒的惬意。而之后假定,就是通过呈现使用产品后的场景,来引导消费者感知产品卖点。

直来直去总是好过拐弯抹角。

从其他豪宅去江边的过程是:下楼,走到人行横道,耐心等待红绿灯,确认车都停下来了,迅速穿过马路,然后到江边了。从定江洋去江边的过程是:下楼,到江边了。

这张海报,想要呈现定江洋"江边附近"的特点,也是使用的假定购买之后的场景:购买之后,你下楼就可以直接到江边了。

3.4

用具体故事"种草"产品

大家都喜欢听故事,用故事来"种草"的文案,往往能够迅速吸引用户眼球,并借由用户的自我想象为品牌赋能,提升品牌在用户心中的影响力和美誉度。通过具体故事"种草"的文案,简单来说就是文案要有很强的可读性和代入感,能在第一时间将观众带入某一特定场景中,并由此展开产品描述或画面想象。

对于品牌和产品来说,最聪明的包装就是讲故事。当"种草"信息披上了故事的外衣,就等于获得了进入用户心智的钥匙。在信息爆炸的新媒体环境下,普通文案的传播力明显低于"有故事感"的"种草"文案。

出来混,迟早是要饿的。

炸鸡如果没有梦想,和咸鱼有什么区别?

肯德基宅急送这组宣传广告文案,巧妙改编周星驰电影里那些大众耳熟能详的经典台词,同时又非常贴切地结合自身产品的一些特性,诙谐幽默、耐人琢磨,又赋予品牌活力、有梦想的特性。

所以，利用故事"种草"的文案想要吸引人，必定要包含一些耐人寻味的东西，能够发人深省，只有通过细致的洞察、有反差感的设定、恰到好处的情绪诱饵、详细感官的细节捕捉，才能让故事型"种草"文案赢得用户的关注。

大部分打动人的文案故事都符合主题聚焦、情感诉求、符合认知三个重要原则（见图3-5）。

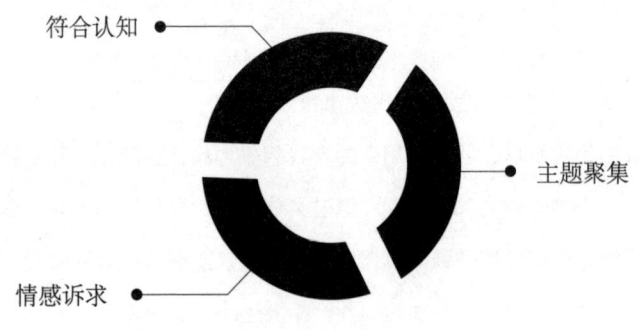

图3-5 "种草"故事三大原则

3.4.1 主题聚焦

聚焦一个核心主题，尽量去掉文案故事中不必要的信息。比如，你要体现某款茶庄的茶叶"为什么比其他的好"这个主题，文案故事的信息就需要聚焦这个主题展开。

我们的茶叶来自×镇的×村×山。×镇×村是个古老的乡镇，清代曾设县于此，民间有"茶不到×村不香"的说法，很多文人大师都喜欢喝产自这里的茶。我们的茶庄就设在这里。这里山上茶叶都有比较好的香气，干茶可以直接闻出来，这就是好茶和普通茶的最大区别。

采摘茶叶时，这里的茶农需要4点半起床，这个时候恐怕很多人还在梦乡吧。在清晨雨露还未完全干尽时采摘的茶叶，特制出来后再用山上的泉水泡制，一股浓浓的茶香迎鼻飘来……

这则文案，从产地优势和采摘过程等出发，所有信息点都聚焦一个主题：茶为什么比普通茶好。用十句话讲十件事，不如用十句话讲一件事，因为在同一时间，人脑对简单聚焦的信息更有印象。

3.4.2 情感诉求

故事"种草"文案必须含有情感诉求因素，才能让消费者看了容易产生共鸣或者认为对自己有利。这是决定消费者做出购买行动不可或缺的原则。这种情感诉求主要来自以下两个方面：

一方面是引起共鸣。对于促进人们对某件事情的认可，情感共鸣无疑是最有效的，能够轻松激起用户的购买欲望。比如《褚橙的故事》中的文案：

为什么我们就不能种出口感更适合中国人，并且在品质上不差于国外的橙子呢？

这则文案围绕"口感"这个核心与国外的橙子做比较，激起国内消费者对"中国产品也不差"的情感共鸣，从而接受褚橙。再比如之前的刷屏广告"番茄炒蛋"的故事，远在异国的孩子深夜问父母，番茄炒蛋如何做？父母为了让孩子吃上这道家常菜，连夜起床现场指导孩子，这个故事感动了很多人，也引发了"父母总是默默为子女付出"的情感共鸣。

另一方面是利益。用户看到一个产品，首先想到的是这个产品对自己有什么好处，这是激起用户购买欲望的另一个重要因素。因此，"种草"文案里的故事也需要体现这一点。比如：

A．小林喜欢用这款看书软件，因为他说这个软件非常便捷，设计也很人性化。

B．小林每天上下班的时候，一上车就会打开这款看书软件听书，这样不仅能够每天有学习的时候，而且也不用包里带一本厚厚的书出门，还能够节约时间。

这两种说法哪个更能打动你？虽然以上两个文案都是介绍这款看书软件的，都在强调它的"方便"性，但A文案只是对产品进行简单的描述，并没有展开，而B文案从对用户利益的角度描述——不用阅读厚厚的书也能学习，还能节约时间，这样显然更能打动大部分用户。

3.4.3 符合认知

符合认知就是文案故事里的描述需要符合目标用户的认知事实。换句话说，"种草"文案里的故事不可以天马行空，因为它与小说不一样，需要赢得用户信任，才能打动他们付费购买。比如市

种草攻略：自带一万个非买不可的理由

面上有一款纸巾的颜色不是纯白色，是淡淡的黄色，有的用户一看到，便怀疑纸巾的质量差。于是，这款纸巾的产品文案说：

这是天然竹子做成的纸巾，所以是淡黄色的，而且这种纸巾比普通纸巾贵3倍价格。

用户看到这则文案之后，知道了这款纸巾是用某地某竹林的天然竹子加工而成，是天然的，安全性高，对人体没有伤害。在这个文案中，"天然的竹子"和"淡黄色"正好符合了用户的认知事实，所以用户深信不疑。相反，有些文案本末倒置，描述产品时过于夸张或者明显违背了人们的认知，就让人怀疑，进而打消购买的念头。比如：

某人吃了这种减肥药，两天就减了十斤。

用这样的故事"种草"，即使宣传产品采用了国际高尖技术，也会让人疑虑顿生，因为在两天的时间里瘦10斤显然不符合公众的认知。

3.5 让用户关注自己,而非产品

请看一款200元的洗发水的文案:

一种很牛的洗发水,神一般的滋润效果。

这种推荐洗发水的产品文案,几乎任何一个新手文案都写过。因为,他们觉得既然要写文案,就必须使劲夸自己的产品,努力让用户关注自己的产品。事实上,这样写文案,不仅产生不了销售力,还很容易让用户无感或反感。

所以,写"种草"文案,第一步真正要做的,并不是先把用户的注意力转移到产品身上,而是把他们的注意力转移到用户自己身上。也就是说,在让用户关注产品之前,先让他们关注自己。这样,思维一改变,写出来的文案效果就会大不相同。比如上面的高档洗发水的文案,当你说有着"神一般的滋润效果",用户就可能会问:"我用潘婷洗发水挺好的,干吗要改变?洗发水通常都是20元左右的东西,这瓶居然卖200元,是不是太贵了?"显然,"种草"文案中的洗发水与用户过去使用的洗发产品存在太大的差距,用户用惯了过去用的洗发水，不想再折腾。所以，直接让用户关注你的洗发水，一般不容易取得效果。

要打破这种瓶颈，改变用户的习惯，就必须先让他们从关注自己开始。所以，200元的洗发水"种草"文案，可以这样写：

你用着上千元的香水，但是却用39元超市洗发水。

这则文案用"上千元的香水"和"39元超市洗发水"对比，轻松戳中了用户的痛点，让用户从"难以接受200元的洗发水"的冷冻状态，变成"洗发水也要用好一点的"解冻状态，从而开始关注你的产品。这样写"种草"文案，才算是成功。那么具体怎么解冻呢？如何让用户开始关注自己，唤起痛点，产生改变的动机呢？

人通常有两种状态：理想状态（我理想的样子）和现实状态（我现实的样子）。在大多数情况下，理想状态和现实状态是重合的（见图3-6）。所以，一般情况下人都是不想改变的。而要刺激用户改变，就必须让"理想状态"和"现实状态"之间产生偏差，从而创造一个机会，让用户关注自己。

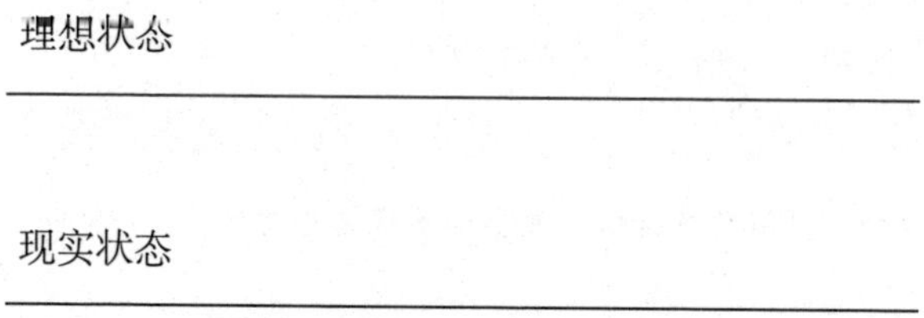

理想状态
———————————————

现实状态
———————————————

图3-6　人绝大多数的状态

| 种草文案 |

3.5.1 降低现实状态

拿"你用着上千元的香水,但是却用39元超市洗发水"这则文案来说,文案先设定一个"你"是用着上千元的香水,等于给用户塑造了一个"身份"。而这个身份既是用户的现实(很多女性的确是这样),也是她们的理想(她们很喜欢这个身份)。这个时候,理想和现实之间并没有差异。

设定之后,文案立刻转折,通过降低用户的现实状态——"用39元超市洗发水",在理想与现实之间制造出偏差。这个时候,用户已经处于"解冻状态",关注点从产品价位上,转移到了自己身上(见图3-7)。用户感觉"用39元超市洗发水"这个状态确实与自己不搭配,于是需求被唤起,想要做出改变。

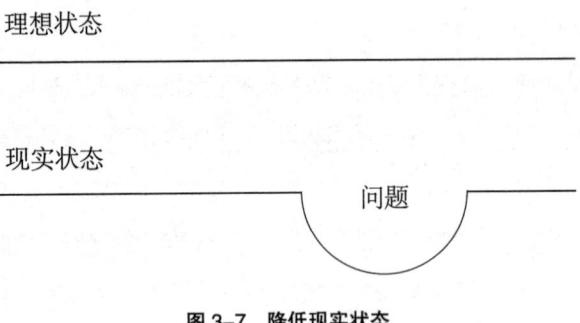

图3-7 降低现实状态

再比如"一朵棉花"床品的文案:

你白天出街精致得体,晚上却不懂善待自己。

这个品牌的四件套价格在600元左右,与大多数消费者的购买习惯不一致——大家更喜欢买便宜一些的，因此，"种草"文案如果直接说出产品的价格，用户很可能被吓跑。如果降低现实状态——用户睡觉使用几十元的普通四件套不合理，因为花在一件衣服上的钱，超过一千元属于平常事，那么，每天晚上都要睡，为什么就不给自己买好一点的床品呢？如此，引导用户意识到这个问题，从而产生想要做一个行动来改变这种不合理现象的冲动。

3.5.2 提高理想状态

一盒与脂肪战斗的酸奶。

乐纯这款酸奶的定位是"减肥"，可以作为代餐饮品。一提到"减肥"，很多用户的第一反应并不会想到"酸奶"，而是跑步、节食。乐纯酸奶的文案反其道而行，并没有直接说明如何通过酸奶来减肥，因为这样会让用户感觉到需要改变自己的日常习惯。

所以，乐纯这款酸奶本身解决的用户痛点并不是"减肥"本身，而是通过高饱腹感低热量的食品，降低减肥的障碍——饱腹感和减肥其实并不矛盾。

饱腹和减肥，可能兼得。

搞清楚这个问题之后，把文案简单改一下，通过降低减肥障碍，也就是饥饿感，让人们提高理想状态（见图3-8）：原来，饱腹和减肥，还可以兼得啊。

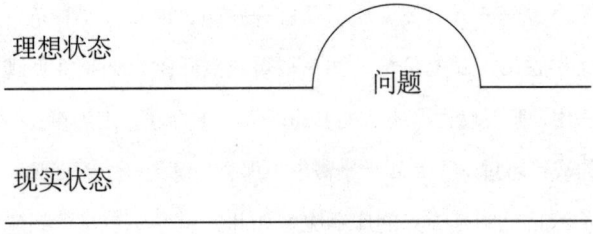

图 3-8　提高理想状态

在写此类"种草"文案时,你需要不断问自己:如果要给用户提高一个理想,什么阻拦了这个理想?找到了这个原因,也就找到了打开用户心门的钥匙。

总之,要让用户关注他们自己,看到自己有一个"没有完成的目标"。事实上,理想和现实的差距可以让用户产生很多需求,所以要尝试"降低现实状态,让他们意识到一个问题",而不是"提高理想状态,让他们意识到一个机会",这样才可以让用户挣脱那种"按部就班""不想改变"的心态,变得"想要寻求新的解决方案"。

3.6

要有冲突性，才能触达受众 G 点

穿衣讲究色彩分明，写文案也一样，没有冲突性故事的文案，就像一杯平淡的白开水，受众读来会感觉索然无味。文案的冲突性，指的是文案能够带给受众某种刺激，或颠覆受众认知，或触动某种情绪，使其产生记忆。这种"冲突性"表现为：一是"种草"文案是否能区别于竞争对手，让受众感受到独一无二；二是"种草"文案是否制造了消费者心理层面冲突，能打破消费者的"习以为常"，引发共鸣。

广告不是纯艺术，是为了增加产品销量服务。因此，"种草"文案，要想触达受众G点（兴奋点），必须简单直接，解决用户冲突，甚至制造冲突。

叶茂中说过：一流营销制造冲突，二流营销发现冲突，三流营销寻找冲突。而制造冲突的关键在于是否对人性有足够细致和深入的洞察。虚荣、自卑、嫉妒、自私、自恋、贪婪、惰性、懦弱、吝啬、虚伪等，都属于人性。冲突之所以产生，根源就在于人性的复杂化和多样性。

我们日常生活中接收信息的过程，其实就是不断解决冲突的过程。

比如美食和身材的冲突，家庭和工作的冲突，男女生思维差异的冲突，等等。"种草"文案的本质就是洞察这些冲突，解决这些冲突。

一年逛两次海澜之家。

海澜之家的这个广告文案，就是洞察到男性不常逛街的痛点而提出的核心战略。男人是不喜欢逛街的，他们逛街的频率和时长都远远低于女人，但是需要日常的着装，这就是冲突。海澜之家很好地发现了男性消费者这个冲突，告诉他们"一年逛两次海澜之家"就够了，解决了他们的冲突，从而使广告文案深入人心。可见，厉害的文案往往来自对用户的深刻洞察，它必须是解决冲突的方案，也是用户可以感知到的战略。那么，要撰写有冲突性的文案，可以从以下三个方面入手。

3.6.1 利用词义制造矛盾

把具有冲突、不一致的观点或事物放在一起进行对比，往往能制造戏剧化的效果。比如：

生活不止眼前的苟且，还有诗和远方。

文案中把"苟且"和"诗和远方"进行对比，让人内心产生巨大的冲击，恨不得立马出去旅行。又比如iPod广告语：

把1000首喜爱的歌曲装到口袋里。

1000首歌对比小小的口袋，让人直观感受到iPod体积小、容量大的优势。这样具象化的描述要比空洞的"容量更大""体积更小"更能触达消费者的内心，激发消费者的购买欲望。还有Keep的广告语：

自律给我自由。

"自律"和"自由"是两个看似矛盾的词，但组合在一起，就让文案具有了张力和冲突性。如果词义本身不具备矛盾性，也可以采用"内容差异暗示"。

不要结交新朋友，最好高冷到没朋友。
不要追求改变，一成不变就好。

陌陌的系列广告《就这样活着吧》，采用正话反说形式，属于典型的"内容差异暗示"，倡导受众应该活出截然不同的状态。所以说，尝试利用有对比性的词语或者有内容差异的文字，往往能让"种草"文案产生张力，带给人想象冲击。

3.6.2 打破常规，颠覆用户认知

学琴的孩子不会变坏。

一家琴行的这则经典广告语，改变了家长对学琴的观念，消除了他们担心孩子变坏的隐忧。

钻石恒久远，一颗永流传。

人们向往爱情，但又担心爱情不牢固，这是永恒的冲突。戴比尔斯钻石这句广告语让人相信，钻石是爱情永恒的象征。

洗了一辈子头发，你洗过头皮吗？

过去人们洗头只关注头发，而滋源这款洗发水提出了"头皮也需要洗"的概念，制造了"头皮好，头发才好"的新冲突。滋源洗发水规避了与同行之间的竞争，另辟赛道，把用户吸引过来，成为领军品牌。

3.6.3　击中用户内心需求

现在微信订阅号的文章越来越多，如何迅速吸引读者的注意是一大难题。对于一篇微信公众号文章，标题相当于敲门砖，得标题者，得阅读量。而标题是否有足够的冲击性，决定了受众会不会点击。标题切忌"平淡是真"，必须一语击中用户内心需求，给他一种"是的，我就是需要这种感觉"的刺激。

真正喜欢你的人，24小时都有空；想送你的人，东南西北都顺路。

滴滴出行这句扎心的文案，说出了大部分人的心声，让人内心产生触动和共鸣，从而对滴滴出行产生认可。一些有影响力的公众号，之所以能引发裂变式传播，就因为深谙人性，懂得如何击中用户内心需求，利用"金钱""物质""颜值""重男轻女"等话题制造冲突性，勾起用户的恐惧感与猎奇心。

3.7

给用户一个购买的理由

写文案时,文案一定是需要塑造产品价值感与体验感,一条接一条,激发用户兴趣,建立信心,促使购买。而用户也一定会有各种纠结,不管多看好你的产品,总会有消费的"负罪感",不断在买与不买之间做挣扎。虽说用户本来就会经常给自己的购买行为找理由,但自己给自己找的理由,更希望得到其他人的支持和认可。所以,文案本身就要为用户找出合理的购买理由,并且要进一步支持用户自找购买理由。有两个常见且有效的方法。

3.7.1 补偿或鼓励自己

如果一个人觉得现实和理想还有很远的距离,他会更加自律,不舍得消费。而如果一个人觉得自己已经为某一个目标付出了很多,且离目标不远了,或者已经为别人付出很多了,他就会想要一些"补偿","犒劳"一下自己。这个时候他会更倾向于购买中意的东西。

吃点好的,很有必要。　　　　　　　　　——三全水饺

种草文案

每一个追求梦想的人都有理由住得更好,自如就在这里,等你回家。 ——自如地产

今天送自己一只"斩男色",一个人被留下加班到深夜,明天依然要斗志昂扬地出现。 ——京东白条

你看过的风景,都是你的化妆品。 ——航班管家

写"种草"文案时,可以像以上文案那样,描绘一下你的用户当下面临着什么任务或目标,以及为实现目标付出了什么,投入了多少情感,花了多少心血,等等,越具体、越细节化、越场景化就越能打动人。最后再告诉他是时候补偿一下自己了,并且告诉他拥有产品就是对自己的"犒劳""补偿"。

当然,这种补偿也可以是精神上的关怀,去慰藉消费者的心理。

你不必去大城市,也不必逃离北上广。不必用别人的一篇10万+来决定自己的一辈子。不必每次旅游都要带礼物,不必一次不落地随份子,不必在饭桌上辛苦地计算座次。

你不必在过年的时候衣锦还乡。不必发那么大的红包,不必开车送每一个人回家。

你不必承担所有责任。

你不必背负那么多。

你不必成功。

比如京东小金库走心视频广告《你不必成功》,正是瞄准年

轻人的心理痛点，通过不必成功的反鸡汤文案，利用共情心理，打动消费者。

3.7.2 补偿或者感恩别人

同样，如果一个人觉得别人为了他付出很多，而他却回馈很少，那他就会产生对别人的愧疚感，想要补偿别人，以求心安。这个时候他会倾向于选择购买产品，因为这不是为了自己享乐，而是出于补偿、感恩的目的。

围绕用户这一心理，"种草"文案从用户的角度去思考：谁为自己付出最多，谁为自己牺牲很多，谁与自己共患难，而且这些人是在什么样的情况下做的，或者自己对于哪些人是有亏欠与忽视的。总结完成之后，"种草"文案就需要告诉用户，应该补偿他们身边的那些人，同时引导用户你的产品是可以帮助他们完成这种补偿的。

经济学里有一个非常有趣的效应，用户在买东西的时候，总给自己找借口说这个是为补偿别人而购买的。而所谓要补偿的人，都是客户想照顾、热爱和保护的人，这其中有父母、孩子和恋人等。这是所有人的天性，也是很多广告的原动力。

妈妈想把阳台变成花园
多帮她洗一次蔬果碗盘
她就能多点时间
和金边吊兰多一会儿交谈

种草文案

妈妈想一个月内KO小肚腩
多帮她洗一次蔬果碗盘
她就能多点时间踩躏沙袋

这是方太围绕"妈妈的时间机器"打出的系列广告,用"她就能多点时间""她就能多点时间踩躏沙袋"给那些做儿女的用户一个购买的理由,让她们买一台好的油烟机补偿一下妈妈的辛苦付出。

你有多久没回家了?一年365天你有几天陪伴家人?

你的父母,他们为了盼你多点回家都做过些什么?每年春节回家,我们的一句随口说说,就是父母的"大动干戈"。也许你并不知道,父母盼着你多点回家,默默做出了多少改变。爸妈都有一个小本子,他们学不会的那些密码,其实是盼我们多点回家。今年春节,带上爱和年货早点回家吧,幸福就是在一起。

这是唯品会春节期间年货节的广告文案,提醒人们父母在家殷殷地期待着儿女回家过年,做了很多的准备。所以作为一年到头在外漂泊的儿女,要有所表示,为他们带些礼物回去,补偿一下父母的付出。

总之,不管你用什么方法,目的都是减少用户的消费心理阻碍。很多时候,用户其实早就看上你的产品了,就差一个合适的理由。

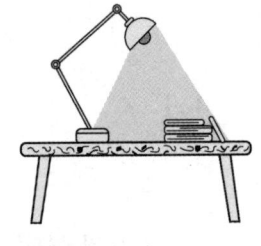

第四章

种草话术：

恰到好处，省下百万广告费

什么样的"种草"话术才是好话术？无限接近用户的心！好开头的3种类型，竞品对比的3个方法，现身说法，幽默沟通，文案的加减法，"种草"话术的5个句式……一套好的"种草"话术要从开始到下单，始终抓住用户的心。

4.1

以因果逻辑开头,养成良好的思维惯性

很多文案新手甚至资深文案,有时会遇到这样一种情况:洋洋洒洒写了一堆"必须购买的N大理由",却给不出足够有力、足够强关联的支撑。这样的"种草"文案,即便戳中了用户的痛点,即便走了心,却也不一定能够成为用户买单的理由。事实上,文案的基本要素之一是逻辑,它是文案具有说服力的根源。但现在很多文案对逻辑这样的"底层架构"较为忽视,只以"刷屏""10万+"等作为文案的终极目标。

文案的本质是与消费者的沟通,无论你传递了什么信息,都必须让消费者知道你的结论是什么,并且给出支撑你结论的强有力的理由。

设计师的创作不过是一幅美丽的遐想,如果缺少三维空间的诠释能力,鞋跟高度只是个虚荣的数字,了解人体工学才能成功制造一种性感。如果没有经过细腻的几何逻辑推演,再迷人的线条也无法成就流动的魅力。只有不断试验材质与配色的新可能性,才能说出更进化的美学语言。真正让女人沉湎的鞋子,绝不只是外表,

还有一种穿上了就不想脱下的欲望。是热情是知识是细节是极致工艺精神，让一双鞋子拥有了时尚的灵魂。

说高跟鞋性感，用人体工学来支撑；几何逻辑推演来佐证鞋子线条；材质与配色，来说明鞋子的时尚；突出细节和极致的工艺，鞋子才有了灵魂。从许舜英为Stella Luna女鞋撰写的文案中我们可以看到，这些文案好像具有浓浓的意识流风格，然而文案的逻辑却一点也不意识流，甚至可以算得上极具逻辑性的典型案例。

那么，有哪些技巧可以帮我们写出有咬合紧密的逻辑链条、具有说服力的文案呢？有三个方法（见图4-1）。

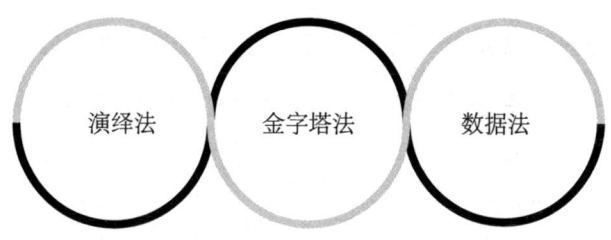

图4-1　"种草"文案逻辑写作的三个方法

4.1.1　演绎法

演绎法是将某个事实同与其相对应的某个规律进行组合，从而得出结论的方法。比如都知道"演员会演戏"，那么因为"巩俐是一个演员"，所以得出的结论是"巩俐会演戏"。掌握好这个方法，但同时还要注意规避以下理由不当的三种情况，这是很多文案没有说服力的重要原因。

种草文案

第一种情况是用个人主观的看法或感觉作为理由。比如：

我很期待这款新手机，它这次一定能实现销量的翻番。

这句文案，非常没有说服力，手机销量翻番的依据是以个人感觉、想法作为理由来推测，这在逻辑上是不成立的。

第二种情况是用语言的反面或换个说法作为理由，其实表达的是重复的意思。比如：

因为你还没有拥有这款手机，所以你应该购买这款手机。

这种情况虽然看上去感觉很霸道，也显得滑稽，但仔细观察你就会发现，这种文案或对话在我们的日常生活中还是比较常见的。

第三种情况是逻辑关系过于跳跃，因果关系含混不清。比如：

这款手机拥有××GB超大内存，是送给女友的绝佳礼物。

这句文案，就因为因果关系不清晰而让人困惑，如果再写清楚一些：

这款手机拥有××GB超大内存，可以装下××张照片，是送给热爱自拍的女友的绝佳礼物。

这样一来，逻辑链条便补足，文案就有了说服力。

4.1.2　金字塔法

许多人在"种草"文案中，洋洋洒洒写了很多字，收集了很多素材和资料，却被用户反问："你想说明什么？"可见，写"种草"文案，许多人善于收集整理信息资源，但却欠缺提炼归纳的能力。

对此，不妨试试采用金字塔法来撰写文案，将重要的观点/结论放在顶端，思路往下一步步展开。

同时，在信息和素材整理的过程中，至少应该找到三个支持结论的理由，作为金字塔的基座。通常情况下，如果理由太少，只有1～2个，说服力会打折扣。反之，如果理由的数量超过了7个，消费者又很难记住。比如，现在你需要用金字塔法推广一款手机，首先你要归纳出最想向用户传递的信息，也就是你的"种草"结论。这个结论最好是一句话，比如，你可以定义这款手机是"性能小超人"，然后整理三个理由来支撑这个结论，分别从处理器、屏幕、摄像头三个方面来说明。这样操作，会形成一个非常明确的结论。

4.1.3　数据法

什么样的理由最有逻辑性？无疑用数字或数据作为理由是最容易让人信服的。比如：

种草文案

销量全国领先。
中国每卖10罐凉茶，就有7罐是加多宝。

加多宝的这两句文案，显然后一句更具有说服力，用数据来证明，让人无法质疑。再比如：

超大内存容量。
将1000首歌放进你的口袋。

显然后一句文案有理有据，更能够打动消费者。

多国医疗研究指出，雄性动物看见穿着STELLA LUNA的女人平均心跳高达130次。
科学家发现，一双STELLA LUNA所吸引的眼球数量可绕地球20圈。

许舜英为Stella Luna女鞋创作的这两组广告文案中，用了"心跳130次""可绕地球20圈"数据，就非常有说服力。这对于那些主要诉求是达成转化而非品牌宣传的"种草"文案而言，非常适用。

4.2

没有对比，就没有销量

很多产品都不是独一无二的，在市场上多多少少都有竞争对象，这时如果想找到自己产品的立足点和存在感，可以在卖点上提炼，有哪些方面比竞争的产品更好一些。比如果汁"更加天然"，灭蚊灯"更加安全"，毛巾"吸水性更好"，等等。

同理，用对比法来"种草"，就不无良效。

爱你可以不留余地，但家里最好不要太挤。

这则房地产文案，采用对比的手法，使"爱"与"房子"产生较为强烈的反差，达到了"房子可以买大一点"的文案核心诉求。

艺术家和鱼的不同点：鱼死了就不值钱了，艺术家死了更值钱；艺术家和鱼的共同点：趁活的时候买。

这则文案同样用了对比法，通过"艺术家"和"鱼"两个对比元素，突出和强化"活的时候买最实惠"的卖点，非常形象生动,给人留下深刻的印象。由此可见,"种草"文案无论是表达产品的卖点信息,用数据作对比,还是基于品牌的情感,用抽象的概念进行对比,都能够简单而有效地进行信息传递,在用户的脑海中达到一种强化,形成一种张力。

对比法一般有三种(见图4-2),分别为:第一种是数字类的对比,非常直观,能够量化;第二种和第三种是抽象概念的对比,能够达到传递某种品牌的情感或情绪的效果。

数字对比　　　认知对比　　　概念对比

图4-2　"种草"文案的三个对比法

下面结合经典案例,为大家一一阐述。

4.2.1　数字对比

数字类对比文案就是用数字元素进行对比。利用数字的好处在于直观、量化、简单。

三毫米,瓶壁外面到里面的距离。不是每颗葡萄都有资格踏上这三毫米的旅程。它必是葡园中的贵族;占据区区几平方公里的沙砾土地;坡地的方位像为它精心计量过,刚好能迎上远道而来的季风。它小时候,没遇到一场霜冻和冷雨;旺盛的青春期,碰上十几年最好的太阳;临近成熟,没有雨水冲淡它酝酿已久的糖分;甚至山雀也从未打它的主意。摘了三十五年葡萄的老工人,耐心地等到糖分和酸度完全平衡的一刻才把它摘下;酒庄里最德高望重的酿酒师,每个环节都要亲手控制,小心翼翼。而现在,一切光环都被隔绝在外。黑暗、潮湿的地窖里,葡萄要完成最后三毫米的推进。天堂并非遥不可及,再走十年而已。

长城干红这一则文案,为了表达出干红葡萄酒的高品质,用了一种近乎于现代诗的表达方式,非常诗意、浪漫地说明了酒从葡萄的生产、采摘到最后酿造,每一环节都由不得人啧啧称奇。用三毫米和十年,进行了巧妙的对比,达到了很好的品牌塑造和传播的效果。这则文案堪称数字对比类文案中的经典。

4.2.2 认知对比

我们率先引进了HPP超高压灭菌技术,完善保留果蔬营养并锁定新鲜口感。无须羡慕好莱坞明星手上的洋品牌果蔬汁,每一瓶我们的果汁都使用相同的先进工艺制成。

传统高温灭菌技术:利用病原体不耐热的特点,高温加热果蔬汁,将细菌"烫死"。然而,与细菌"同归于尽"的还有大量宝贵的维生素。实验表明,高温加热后,维生素B1、维生素C、维生素B12和叶酸含量显著下降。果蔬汁的口感也变了,显得沉闷乏味。鲜果汁进去,熟果汤出来。

HPP超高压灭菌技术:HeyJuice引进了HPP(High Pressure Processing)超高压灭菌技术,把封装果汁放在密封、充满水的容器内加压,使果汁承受超高压力,一举消灭细菌、酵母菌、微生物,而果汁营养几乎毫发无损,口感生鲜如初,新鲜与营养兼得。

小贴士:HPP超高压灭菌毫不留情,却特别善待营养元素,有抗氧化功效的多元酚能存留接近100%,维生素C存留85%;高温灭菌时只存留40%。

或许不需要懂这么多理论,喝一口冷榨果蔬汁,舌头立刻尝到橙子的清新、番茄的酸甜,就连芹菜的生涩都如此可爱。那是大自然泥土孕育的野生味道,毫无保留、不加修饰、淋漓尽致。

这篇"种草"文案发出之后,很多用户在评论区留言:难怪超市果汁那么难喝,以后再也不买了,等等。与此同时,后台的产品销量在迅速增长。这篇文案取得了很好的销售业绩。这就是"认知对比",不仅突出了产品的优势,还让读者一读就懂,最后心动下单。

用这种方法"种草",首先你要分析出你的产品与其他相似产品的不同之处,优势在哪里,其他产品的劣势又在哪里,然后再把两者做比较,分析给用户看。这样你的产品优势体现出来了,一旦用户决定买,首选就是你的产品。

4.2.3 概念对比

概念类对比文案,相比数字类和认知类对比"种草"文案,创作要求会高很多。

来看概念类对比文案的经典案例:

▌种草话术：恰到好处，省下百万广告费▐

关于忠诚与不忠
对情人忠诚，对流行忠诚；
对思想忠诚，对欲望忠诚。
天母流行租界区中，一个多种族消费流行热潮正在蔓延。
所有关于服饰的、生活的、美食的、书本视听……
这些日子，诚品天母忠诚店里你都可以找得到。

诚品这则文案，围绕"忠诚与不忠"的概念对比，进一步强化了诚品生活店的风格，成功带动了用户的情绪。

4.3

最让人信服的文案,莫过于用户现身说法

当我们没有买过一款产品时,一个很直接的想法会油然而生:看看用过的人怎么说。所以会咨询朋友,会点开网页看用户评论。如果都说好,我们就会对产品心动,甚至会毫不犹豫下单。说得再天花乱坠都不如老百姓的口碑,这就是顾客证言的作用。

无论你卖服装、卖保健品、卖鲜花、卖智能手表或是卖培训课程,等等,都可以采用有用户证言的"种草"文案宣传。但现在80%的顾客证言文案,都写得不够好。比如:

我以前有××烦恼,自从用了这款产品,问题解决了,我很开心!

这样的文案,顾客读起来没有感触,没有肾上腺素分泌,没有心头一热,必然产生不了购买的冲动。事实上,写顾客证言很简单:在品牌社群、售后评论中精选生动的顾客留言。

顾客证言的收集并不难,重要的是能识别这些证言,并把它们挑选出来,这样的证言才能准确击中顾客的核心需求。核心需

求,是指顾客消费最迫切想满足的需求(见图4-3),不满足他就不会买。比如无线路由器的核心需求:上网快;洗碗机核心需求:洗得干净等。换句话说,我们选的证言要能击中这些核心需求。如果你表述的内容,没有顾客想知道的内容,那广告效果自然不会高。

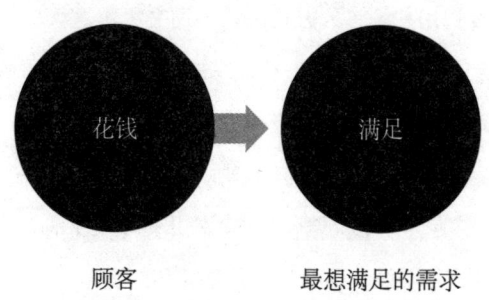

图 4-3 顾客核心需求

接下来,我们分别从两个方面看看好的证言"种草"文案是如何写成的。

4.3.1 从用户洞察出发

如果让你写一款汽车的文案,列出如下信息点:

轿车品牌形象好;

新款车型;

价格实惠;

起步加速快;

性能接近跑车;

种草文案

很省油；

折旧率低保值；

越野能力强。

汽车的目标客户群体是40岁左右的中产阶级。

现在要用用户证言的方式来写一篇文案卖这款车，多数"种草"文案会这样来讲故事：一位成功的社会精英，白天会开着这款车东奔西跑，开会、洽谈、谈判等，赢得一大把订单，事业一派红火景象，正是因为有了这辆车所以效率极高。周末，他带着夫人、孩子去穿越草原、戈壁和丛林，快乐地享受生活。

这个文案很美好，但没有让人想读的欲望。

来看看大卫·奥格威写的经典文案：

最近我们收到一位曾为外交事业建功立业的前辈的一封信：

"离开外交部不久，我买了一辆奥斯汀车。我们家现在没有司机——我妻子承担了这个工作。每天她载我到车站，送孩子们上学，外出购物、看病，参加公园俱乐部的聚会。我好几次听到她说：'如果还用过去那辆破车，我可对付不了。'

"而我本人对奥斯汀车的欣赏更多是出于物质上的考虑。一次晚饭的时候，我发现自己在琢磨：'用驾驶奥斯汀轿车省下的钱，居然可以送儿子到格罗顿学校念书了。'"

针对汽车出奇地经济实惠，这则文案的后半部分从配置、节油等方面着重给大家算账，最后证明这个说法并不夸张。这篇证言文案为什么和大家写的不一样？因为它出发点不是产品，而是消费者洞察。想象一下，一个中年男人，当他早晨睁开眼睛，他脑子里考虑的是什么事情？父母、孩子、事业等，这些方面的支出都不是小钱，需要很多钱。但钱往往会不够，这是他们每天的焦虑。这个焦虑，远远超过你的车能不能省油，能不能越野。

所以，你的顾客证言文案如果只跟顾客聊车，他肯定会没感觉。但如果你跟他聊怎么活得才有面子，孩子选择哪所学校将来才会有更好的出路，他一定马上就来兴趣了。所以，顾客证言"种草"文案，就是用活生生的案例来告诉用户，总有一天，你也可以像他一样。

4.3.2 贵在真实

作为一名产品经理，频繁熬夜加上饮食不规律，黑眼圈痘痘频发，让本来有恃无恐的我开始好好护理皮肤。我喜欢在头脑风暴之前来一颗养颜胶囊，吃完感觉皮肤在闪闪发光，自己宛如一个女王。

这样的顾客证言一看就很假，明显不是顾客说话。文案在写作的时候，没有真正切换视角，从用户的立足点出发，也没有做市场调查，只是把硬广告文绉绉的感觉植入顾客话语里。对于一部分挑剔的顾客，读到这样的文案，会认为商家编造顾客的话来欺骗受众，太缺乏诚信。所以，想写出好文案，就要找到顾客，和他们聊聊天，听听他们怎么说、关心什么、吐槽什么。这样才能写出真实、有打动力的文案。比如：

种草文案

今天的大惊喜,顺丰快递,花也新鲜,配色好温暖,喜欢。

有花收的日子,心情也是棒棒的。临时更改周六收花,居然准准就到了,给客服点个赞!

这是一个花店的顾客证言,没有华丽的词语,非常口语化,感觉随意却很真实,虽然个别地方显得啰唆,还有语病,但这并不影响。因为大家在面对面坦诚聊天的时候,还想着给文字润色?

4.4

来点儿"自黑",更接地气

"自黑",简而言之就是贬低自己,且不遗余力,不择手段。如果能抢在竞争对手之前,把避之不及的黑点,拿来作为侃侃而谈的谈资,反而会打对方个措手不及。在"种草"文案中,能够恰到好处地"自黑",是幽默的至高境界,也是一种有效的沟通方式。这是一种反其道而行之的逆向思维,能够拉近与受众的距离,让文案更接地气。看多了一本正经的广告宣传,当用户接触到如此另类的文案时,自然有一种眼前一亮的感觉,立刻便产生兴趣。

"自黑"式文案的创作方法,往往是先"自毁形象",能够把产品与众不同的外观、比起同类产品要复杂点的操作步骤等,那些看似没那么紧要的缺点,通过自嘲、"自黑"描述出来,然后再来个转折,落点至产品的优势方面。这样的"自黑",可以起到很好的欲扬先抑作用,把用户慢慢带进文案里,推荐产品不会显得太突兀。

对不起,是我们太笨,用了17年的时间才把中国的凉茶做成了唯一可以比肩可口可乐的品牌。对不起,是我们太自私,连续6

年全国销售领先,没有帮助竞争队手修建工厂、完善渠道、快速成长。对不起,是我们无能,卖凉茶可以,打官司不行。对不起,是我们出身草根,彻彻底底是民企的基因。

加多宝的"自黑"广告文案运用得很巧妙,表面是贬低自己,实则是为自己喝彩。以这样的方式让受众忍俊不禁、加深好感。

它很丑,但是它能带你去想去的地方。

大众甲壳虫的汽车外表看起来很不起眼,甚至有些难看,所以文案"自黑""它很丑",但是这并不影响它强大的实用性,可以"带你去想去的地方",同时带来很多驾驶的便利和好处。

4.4.1 "黑"自己

"自黑"是一门高级艺术,是一种恰到好处的沟通方式。文案为什么要自黑?主要有两个原因:能带来幽默感,拉近读者的距离;降低读者的预期,给自己减少压力。它的作用就有两个:一是增加好感,二是避免尴尬。

增加好感

自黑是为了自夸,以一种谦虚的方式夸自己。比如:

由于隆胸效果过强,可能以后只能脸朝后坐摩托车了。
因为美白效果过佳,你有可能会过不了安检。
因为酒太好喝了,不该喝的时候也偷喝,会让你失职哦。

"自黑"式文案的表现技巧就是像上边这些文案，通过暴露一些无关痛痒的缺点，来展示一些至关重要的优点。

避免尴尬

人无完人，产品也没有100分的。对于产品的劣势，有的文案选择避而不谈，而厉害的文案会选择直言不讳。用"自黑"式文案，把难以启齿的事情轻描淡写，尴尬瞬间全无，反而变得有趣。比如：

这款电脑性价比极高，冬天可省一个暖宝宝。

避免尴尬的文案技巧就像上面这句文案，把劣势先交代——"散热不太好"，然后用一个自嘲的方式非常有趣地表现出来。这样能弱化消费者对缺点的排斥度，报以会心一笑。

4.4.2 "黑"别人

相对来说，"黑"别人的难度系数远大于"黑"自己，因为一旦"黑"不好，吃相就难看了。奔驰和宝马是正面的案例，大家都知道，它们的互"黑"更像是一次恩爱。除了它们，其他品牌汽车也加入互"黑"队列。

大众都走的路，再认真也成不了风格。
人生匆匆奔驰而过，就别再苦苦追问我的消息。
即使汗血宝马，也有激情退去后的一点点倦。

Jeep的这三则广告文案，要说黑起对手来，也是一语双关、尽显高端。

米造＝糙

魅族用一个"糙"字,"黑"小米手机,的确"黑"得精彩,给人印象很深刻。但要记住,"黑"别人的力度一定要轻,千万别想着用力掐死对方。不然,适得其反。

别把钱花在垃圾上。　　　　　　　　　　　　——魅族

互"黑"是一把双刃剑,既能成就你,也能引火烧身。像魅族这样玩命地"黑"别人,最终也贬低了自己。所以,"黑"别人,一定要轻松幽默。这样能逗大家一笑,让用户记住自己属于有趣的品牌,还宣传了自身品牌的相关优势。

与其买了再退,不如一次选对。　　　　　　　　——万科
无人买房,自然无人退房。有胆退房,却无人会退好房。
　　　　　　　　　　　　　　　　　　　　　——恒大
退房是个P,某科才在意。若还不满意,不如买保利。
　　　　　　　　　　　　　　　　　　　　——保利地产

以上是万科、恒大、保利三家房地产公司的文案互"黑"。从中我们可以看到,优雅地互"黑",应该像这三家房地产公司一样,仿佛是一场辩论赛。你发表观点,我反驳;我发表看法,你再反驳。你来我去,双方不是敌人,而是正反方。在这个过程中既赚足了眼球,又节省了广告费,结果大家都是赢家,共同做大了整体市场蛋糕份额。

4.5

做好加减法，让"洞察"更灵动

假如你还需要看瓶子，

你显然不在恰当的社交圈里活动。

假如你还需要品尝它的味道，

那你就没有经验去鉴赏它。

假如你还需要知道它的价格，

翻过这一页吧，年轻人。

芝华士的这则文案首先肯定和表扬了芝华士的老顾客们，眼光独到、魅力非凡。紧接着又顺便挑逗了一下那些没有能力经常买芝华士的年轻人，刺激他们攀比的欲望，可谓一箭双雕。但这一切都必须建立在深刻的用户"洞察"基础上。很多人都在讲"洞察"，却没有人能讲明白它究竟是什么。那么，有什么行之有效的办法，可以快速地写好产品文案？可以尝试做加法和做减法。

4.5.1 做加法

加点憧憬

人们买产品有时候不是买的产品本身，而是产品带给他们的美

种草文案

好憧憬。比如，2016年《宜家家居指南》是这样介绍宜家厨房的：

虽然要多做清洁，但没什么比和孩子一起烘焙的时光更难得。清洁、筛面、切黄油、舔舔沾在模具上的糖霜——小小混乱，满满幸福！

这样一个厨房的美妙的小时刻，谁不想拥有呢？动人的不是厨房本身，而是厨房带给你的美好的憧憬。

加点情节

让人动心的产品很多，让人最终决定购买的产品很少，有一大部分原因是用户在考虑：我要不要换掉旧的？我需不需要这个产品？这个产品买来有什么用？什么时候用？

加些产品可能用到的情节，就可以轻松回答用户的这些问题啦。比如：

开始工作了，在东京的男生面前还从来没有喝过酒。
在东京失恋了，幸好，酒很强劲。

日本清酒的这则广告《东京新潟物语》，用一系列平面广告告诉用户什么时候可以喝或者需要喝清酒。揣摩用户的生活状态，加入最贴近他们生活状态的情节，"种草"更容易成功。

加点情绪

每个人购买的物品，都希望能代表自己的观点，因此在写产品文案的时候，不妨加一些情绪在内，引起用户的情绪共鸣，把产

品打造成用户的一个"知己"。比如:

从小就练爬墙、上树、翻阳台的一身绝技,再大的雷声也从不入耳,身为主角,出场自然要走路带风。如果非要称赞我是帅破天际的少女,我也只能谦虚地说,我本来可以成为一位超级英雄,可惜美貌耽误了我!

这家叫作"氧气"的内衣品牌,把情绪的表达与内衣上的超级英雄的图案完美结合,把一个女汉子的日常写得娇憨可爱、打动人心。

4.5.2 做减法

减掉形容词

让人难以忘记的文字,往往不在于文字本身的华丽,而在于文字表达的价值观。在新产品文案上,麦当劳推出的一些产品可谓做得很深入人心,比如"史努比系列":

喜欢就表白,不爱就拉黑。

没有赘述,只抓住"颜色"这一个点进行深入挖掘,可谓亮眼,且说出很多人的心声。

减掉负能量

有些文案很喜欢在文中展现别人的不好,用以凸显自己的好,实际上这不是明智的做法。除非竞争对手跟你旗鼓相当并且具有足够的幽默细胞，否则，一旦对方不予回应，你就很难堪。所以这招还是慎用为妙，一不小心来个引火烧身就不好玩了。

减掉"科普"

所谓"去科普"，实际上就是去除"专业化"语言，告诉用户他可以用你的产品来干什么，而不是你有什么。即使你想要告诉人家你有什么，也不要把产品的出厂信息实打实地放上去，而是要转化成消费者可以感知的形式。

我们来比较一下两款手机的文案：

全新升级的智像2.0，更多极致创新影像体验。

索尼说得如此清楚，如此正确，然而用户的心还是被下面这一位勾走了，因为nubia是这么说的：

可以拍星星的手机。

这两个文案，大多数人更喜欢哪一款呢？显然是后者。

总之，文案的加、减法则，可以让"种草"变得灵动有生趣，但千万不要忘记最后要绕到产品的特点上来。如果仅仅是情绪的表达和文字的技巧，整篇文案很容易缺乏"独特性"。需要在用好"加、减法则"的同时，把产品的特点不留痕迹地融入。这样才能让文案看起来浑然一体，独特而新鲜。

4.6

"种草"句式用得好,才能事半功倍

有人说,一个文案写作者要有200条句式积累。的确如此,我们可以忘掉修辞,忘掉语法,但是最好记得句式。句式好比数学中的公式,围绕公式可以变化出很多的经典考题。

再小的力量也是一种支持。　　　　——公益广告《节水篇》

再名贵的树,也不及你记忆中的那一棵。

　　　　　　　　　　　　　　　　　　　　——万科《名树篇》

再小的个体,也有自己的品牌。　　　　　　　——微信

再大的困难除以13亿,也会变得微不足道;再小的力量乘以13亿,也足以战胜一切灾难!　　　　　　——汶川紧急救援

以上文案,很明显都是用了"再……也……"的句式。可见,只要掌握了句式,就不难变化出很多的经典文案。

现在互联网上充斥着各种线上"种草"文案的写作方法和培训,其实,与其追求速成,不如踏踏实实积累句式,积累得多了,

就能体会其神奇之处，进而举一反三、别出心裁。这些句式，不仅能为你在思路卡壳时提供参考，在一定程度上，也能让品牌文案更具有互动性和共情力。在文学中的关联词词性大致可分为几种关系：并列、递进、转折、承接、因果、条件和假设等。以下是"种草"文案常见的几种句式，新手写文案的时候，可以直接套用练习。

4.6.1 并列关系

（1）一种是……一种是……

世界上只有两种人，一种是行动者，一种是观望者。

世界上只有两种人，一种是喜欢宫崎骏的，一种是不知道宫崎骏的。

世界上只有两种人，一种是喜欢京剧的，一种是还不知道自己喜欢京剧的。

（2）今天……明天……

今天不蹦迪，明天变辣鸡。

今天对我爱理不理，明天让你高攀不起。

（3）小孩子……大人……

小孩子才分对错，大人只看利弊。

小孩子才害怕离别，大人都在计划重逢。

（4）要么……要么……

要么出众，要么出局。

要么给我爱，要么给我钱。

（5）你负责……我负责……

你负责挣钱养家，我负责貌美如花。

你负责微笑，我负责拍照。

（6）三分……七分……

三分天注定，七分靠打拼。

三分天注定，七分靠滤镜。

三分天注定，七分靠shopping。

（7）多一点……少一点……

多一点润滑，少一点摩擦。

多一点真诚，少一点套路。

（8）是……是……

打开门是北京，关上门是北欧。

白天是花木兰，晚上是林黛玉。

4.6.2 转折关系

（1）没有……只有……

没有CEO，只有邻居。

没有好看的衣服，只有好看的身材。

（2）与其……不如……

与其在别处张望，不如在这里并肩。

与其原地回忆惊天动地，不如出发再次经历。

（3）哪有……只是……

哪有什么天生如此，只是我们天天坚持。

哪有什么天生丽质，只是我们天天敷面膜。

（4）因为……所以……

因为专注，所以专业。

因为你是你，所以我相信。

（5）我也……只是……

我也有女朋友，只是你看不见。

我也想爱他，只是理智在吵架。

（6）幸好/好在

在东京失恋了，幸好酒很烈。

雄性的退化是这个时代的悲哀，好在有凯迪拉克。

4.6.3 递进关系

（1）有多……就有多……

心有多大，舞台就有多大。

你敷多少面膜，你就有多热爱生活。

（2）没有……就没有……

没有买卖，就没有杀害。

没有共产党，就没有新中国。

（3）不是……而是……

你的问题不是穷，而是懒。

每天叫醒我的不是闹钟，而是梦想。

4.6.4 假设关系

（1）只要……哪里……

只要心中有沙，哪里都是马尔代夫。

只要心中有海,哪里都可以浪。

(2) 只要……全世界……

只要你知道去哪里,全世界都会为你让路。

只要你努力,全世界都会帮你。

(3) 除了……没……

除了汗水,什么水都不要浪费。

除了自己,没人能替你坚强。

(4) 如果没有……

如果没有联想,世界将会怎样?

做人如果没梦想,跟咸鱼有什么分别?

(5) 不/等于

不被看见,你就等于不存在。

没人上街,不等于没人逛街。

(6) 不是所有的……都……

不是所有的牛奶都叫特仑苏。

不是所有的笑容都表达喜悦。

不是所有的雄心,都会因财富而老化。

4.6.5 肯定关系

(1) 一样/同等

有时,孤独和关节炎一样疼。

与你同行的人,和你要达到的地方同等重要。

(2) 让天下没有

让天下没有难做的生意。

让天下没有胖子。

（3）真正的

真正的勇士，敢于直面惨淡的人生。

真正的光芒，需要一点点时间。

（4）不可兼得

鱼与熊掌不可兼得。

痘痘和男朋友不可兼得。

（5）就是

理想就是离乡。

买保险就是买平安。

（6）就是最好的

早睡就是最好的面膜。

巨大的成功就是最好的复仇。

第 五 章

种草视频：

最好的营销利器

目前，转化效果最好、最火的"种草"形式是什么？短视频！如何才能制作出一个优质的短视频？从选题到脚本，从文案的10个套路到"洗脑"的6个规律，让普通视频变得高大上的N个软件制作技巧，你都可以轻松学会！

┃ 种草文案 ┃

5.1

短视频为什么火得令人无法抵挡

短视频时长一般不超过5分钟,制作门槛低,普通用户通过简单的学习便可制作并发布分享到各大社交平台。短视频应用使用户可以利用短视频这一新型信息载体来获取新鲜内容并进行社交分享,改变了人们以往通过图文获取资讯及进行社交的方式。

近些年来,短视频在网络上爆火,现已发展成为一种新的文化。显然在生活节奏越来越快的时代里,短视频这种碎片化的资讯获取方式和社交方式越来越受到人们欢迎。总结其背后火爆的原因,主要有以下七个方面。

5.1.1 真的很"短"

短视频可以把主题浓缩在非常短的时间内,这很好地解决了内容繁杂、数据庞大的问题。它可以在短短的几分钟内承载大量信息,而其信息接收门栏很低,在用户之间可以进行较快的传播分享。短视频内容创作者,可以是企业,也可以是个人。其内容制作、用户自发传播及粉丝维护的成本相对较低。短视频虽然"短",但要想打造出优质短视频,一定要具备良好的内容创意、坚持输出原创的决心，才能吸引到用户关注。

5.1.2 主题鲜明

当年的微博最多只能输出140个字，限制了人们的创作和想象力，短视频虽然只有十几秒或者一分钟左右，但是它的内容并没有因为时间短而被"阉割"，主题依旧鲜明，容易被人接受。文字带来的画面感和震撼力远没有短视频来得明显和生动。

5.1.3 内容直观

随着时代不断地发展，高效率工作和生活的人们的时间变得琐碎且宝贵。连大家的休闲时间也是碎片化的，这就意味着在一个小时左右的休息时间里，大家不可能去看一部电影，这时短视频就成了娱乐解压的选择之一。

抖音最好的滤镜不是任何一个滤镜，而是"音乐"。抖音花了非常大的成本，找了一批非常专业的音乐制作人，专门做网红爆款歌曲。短视频的音乐能够很好地刺激用户的听觉，把感官刺激上升到一个新的高度，因为感官刺激的维度每增加一种，让用户获得的快感就增加一倍。在信息量越来越庞大的时代，人们接收信息最喜欢的方式为集中化，也就是在有限时间内获得最大化的信息量。而短视频就具有这种特点，能够直接呈现主题，且信息承载量很大，给人感觉非常直观和形象。

5.1.4 成本很低

短视频较之于传统广告营销的大量人力、物力、财力的投入,成本大为减少。这也是短视频的优势之一。随着各种视频软件和App的普及,短视频的制作成本起步非常低,不需要什么技术,只要有一台手机就可以拍摄短视频。当然如果你需要更精致的短视频,那么还是需要购买专业的设备。但是对于短视频来说,最终要的不是拍摄手法,而是拍摄的内容,再好的设备也不一定能拍出一个有趣的短视频,内容和创意才是最重要的。

5.1.5　更具表达力

现如今的营销方式和以往的形式已经变得不一样了,相比较以前的品牌故事、企业文化和经营模式等内容,如今则更加致力于用角色和情感来打动用户,让用户与品牌产生感情的纽带。

一篇故事或者说明文,远没有一段展示故事画面的短视频更容易为人接受。文章能展现的只有文字,而视频能展现画面、声音、文字,可以让用户更真切地感受到品牌传递的情绪共鸣,更加具有感染性。

5.1.6　更具感染力

在当下,各个阶层和各种职业的人们总是在不忙的碎片时间里来刷各种短视频。坐地铁看短视频,边吃饭边看短视频,甚至上厕所坐在马桶上也看短视频……由此可见,把短视频作为与用户交流的载体和方式将更容易被接受,轻松实现品效合一的传播效果。

短视频行业正逐渐向创新型、多元化发展,相信未来在专业知识类垂直领域必将大有作为。

5.1.7 社交能力强

"90后"和"95后"是最新的一代"网上冲浪者",传统的依靠纸媒等媒介渠道已不足以引起他们的关注和重视。相反,快速崛起的短视频社交网络使得这类人群更加能"聊"到一起。根据系统调查显示,短视频是当下年轻人最热衷的社交方式。

"我们一起拍个短视频吧?"

"好啊,你记得开美颜和滤镜哦。"

像这样的对话,在当今的年轻人交流中广泛存在。短视频用户群体也不限于年轻群体,越来越多的不同年龄段的人加入短视频的观看与拍摄当中,内容也变得多元,如萌宠、美食、旅行、游戏、体育,等等。

可以说,短视频已经成为人们茶余饭后必不可少的解压休闲神器。那些能做出好的短视频的人真的很让人佩服,因为在有限的时间内能做出有新意的短视频,是需要很好的构思的。不过话说回来,万事开头难,有志者事竟成。

| 种草文案 |

5.2

制作优质内容的短视频,你也可以

"多余和毛毛姐",92年建筑系理工男,在抖音发布搞笑视频,一个月增粉1000万;

"代古拉K",凭借温馨治愈的笑容和流畅有趣的舞蹈,在抖音圈粉2000万,点赞超过1个亿;

"黑脸V"是抖音为数不多的技术流玩家,靠100个后期剪辑的短视频达到不可思议的视觉效果,吸粉2500万。

从这些案例可以看出,只要运营得当,抖音15秒的视频也能通过接广告、电商等方式变现。同样是喜欢短视频,有些人就能把娱乐变成自己兼职挣外快的方式。当前,短视频应用已圈走十分之一的"国民总时间"。数据显示,短视频用户规模接近6亿,人均单日使用时长32.2分钟。很多人不管是坐地铁、等公交,还是下班回到家,都习惯性拿起手机刷抖音短视频。

越来越多的人看准风口,加入短视频制作中来,创作出优质的内容。其中不乏很多品牌开始利用短视频来"种草"自己的产品。

虽然大家对短视频不陌生，但对于如何制作还是心里没底，比如怎么找素材，怎么保证原创，怎么大批量制作等。下面给大家着重介绍5个简单、快速制作短视频的切入点。

5.2.1 封面图最关键

不管哪个视频App，在庞大的视频流里，封面图都是吸引用户的第一要素。封面图的占比很大，文字相对来说较小，视觉感官首先都会被大的、亮的、暖的视觉元素吸引。吸引用户点击观看的第一步就是要做出优秀的封面图。色调尽量要暖一些，暖色调比冷色调在生理上更吸引人的眼球。现在纯美食制作的短视频不多了，大部分都有人物IP，在封面图内尽量将IP人物放进去。在庞杂的视频信息流里边，用户一眼就能在封面图中看到IP人物，而不需要找标题、找文字。

5.2.2 选题与叙事方法

第一，选题跟进速度一定要快。比如说做一期美食的开箱评测类视频，不能等到这个产品很火了再去做，应该在它稍微有一点苗头的时候就立刻跟进，抓紧制作和上线，这样才能获得更大的流量。

第二，内容专业无槽点。无论你是"种草"数码、美食，还是旅游，一定要对该领域的内容足够专业，而且这个专业程度是无上限的。这是用短视频"种草"最起码的业务能力和基本素质。只有你足够专业，做自媒体的路才能长远。除了专业，还有一点就是我们在做视频的时候要谨言慎行，务必传递积极健康的价值观。

第三，视角独特、形式新颖。各个领域的品牌"种草"层出不穷，一波接一波。面对激烈的竞争，只有做出的视频足够有特点，内容足够优质，才能赢得受众。

5.2.3 视频结构和叙事的节奏感

首先，视频的开头尽量不要放片头、片花这一类的东西。短视频的每一秒都很珍贵，不要挑战用户的耐心。如果有特殊的需求，必须要放片头、片花，建议不要超过3秒。而且不要把片头放在视频的开场以及视频的前五秒，可以把它穿插在视频的中间。比如说开门见山之后，再放一个片头，这样用户的体验会好一些。

其次，中间的内容要按照视频的时长来设计一些梗。比如说一分钟以上的视频，要做到每30秒就打破一下这个节奏，以防止用户觉得枯燥中途退出。30秒一个小梗，那么每60秒就要有一个大梗，来增加"种草"视频的可看性和用户的沉浸感、代入感。短视频节奏和电影剧本里边说的起承转合其实是一样的。做视频内容就是要让用户看进去，沉浸其中，减少中途退出的可能性，这样视频完播率才能高。

视频做出节奏感是非常重要的一件事情，再好的选题你不会讲故事，也是没有用的。短视频做出节奏的更多具体方法需要在实践中摸索出来，比如说视频时长、视频配乐等。可以视频剪辑，可以根据内容结合一下，根据节奏多变换一些音乐，不同的音乐带来的视听体验也不同。

还可以在剧情上做一些变化，比如反转，出其不意；比如一直是抒情，慢悠悠的，突然来做一些出人意料的变化，都能够调动用户的视听体验，避免枯燥。

最后，片尾。片尾尽量做到有惊喜感，每次都可以设计一些不同的结尾方式，避免视频出现一些僵化、模式化的东西，让用户感觉枯燥。还可以根据自己视频的调性设计一些鼓励粉丝互动的方法。

千万不要沉浸于自我情绪的表达，要和用户产生共鸣，只有产生共鸣了，用户才能看进去你的视频，然后才能理解你想表达的东西。产生共鸣其实是视频"种草"成功最关键的一点。

除此之外还需要制造一些期待感。如果说用户对视频"种草"内容有期待感，说明视频真的做得非常好。大部分创作者都很难做到这一点，因为做内容真的很辛苦，也很难，更新的频率要快，还要及时。所以要让受众产生期待感，就需要我们付出更多的努力。

5.3

掌握好视频脚本创作元素，才有"杀伤力"

短视频虽然只有60秒，但是优秀的短视频，每一个镜头都是精心设计的。就像导演要拍一部电影，每一个镜头都是经过设计的。对于镜头的设计，利用的就是镜头脚本。可能会有人问，十几秒的短视频有必要写脚本吗？脚本到底是个什么东西？有什么作用？

什么是脚本？简单说，脚本就是我们拍摄视频的依据。一切参与视频拍摄、剪辑的人员，包括摄影师、演员等，他们的一切行为和动作都要服从于脚本。什么时间、地点，画面中出现什么，镜头应该怎么运用，景别是什么样的，等等，都要遵循脚本。可以这么说，脚本的最大作用，就是提前统筹安排好每一个人每一步要做的事情。

简而言之，脚本是为效率和结果服务的。如果没有脚本作为视频拍摄、剪辑的依据，你会发现拍着拍着，突然发现场景不对，只能花大量的时间再重新去找。或者道具也不齐全，演员也不知道到底应该怎么演，拍完之后，剪辑师更是一头雾水，不知道依据什么思路去剪辑。这么一折腾，等于是在做无用功。

脚本对于"种草"短视频来说，最主要的作用有两个（见图5-1）。

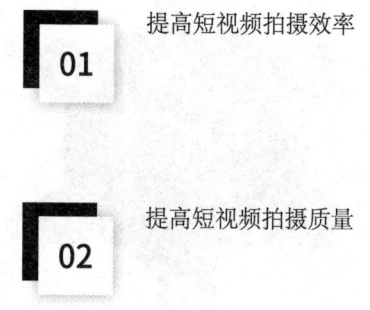

图 5-1 脚本对短视频的作用

作用一：提高短视频拍摄效率

这个前面其实已经提到过了。脚本其实就是"种草"短视频的拍摄提纲、框架。有了这个提纲和框架，就相当于是给后续的拍摄、剪辑、道具准备等做了一个流程指导。这样拍摄起来思路更清晰，效率也更高。

作用二：提高短视频拍摄质量

虽然我们的带货短视频大多都是在15秒左右，最长也不会超过60秒，但是，如果想要基础流量高，转化率高，必须精雕细琢视频里出现的每一个细节。这些都需要脚本提前规划设计好。那么脚本该如何规划设计呢？

5.3.1 脚本前期准备

在编写"种草"短视频拍摄脚本前，需要确定好短视频整体内容思路和流程。主要包括以下六个方面（见图5-2）。

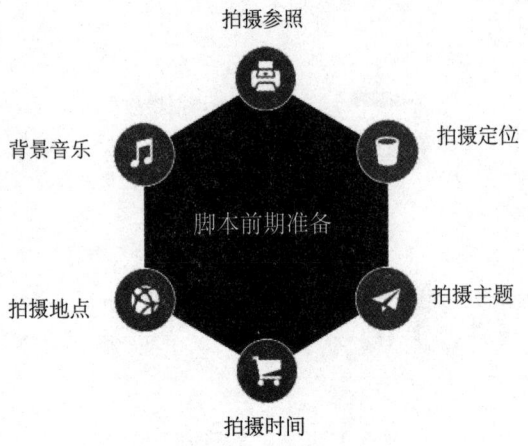

图 5-2 脚本前期准备

拍摄定位

在拍摄前期,要定位内容的表达形式,比如要"种草"的短视频,是美食制作、服装穿搭,还是小剧情。

拍摄主题

主题是赋予内容定义的。比如服装穿搭系列,拍摄一个连衣裙的单色搭配,这就是具体的拍摄主题。

拍摄时间

把拍摄时间确定下来有两个目的:一是提前和摄影师约好时间,不然会影响拍摄进度;二是确定好拍摄时间,可以做成可落地的拍摄方案,避免拖拉。

拍摄地点

拍摄地点非常重要。要拍的是室内场景,还是室外场景,必须先确定好。比如拍摄野生美食视频,就要选择有青山绿水的地方。室内场景要选择普通的家庭厨房,还是选择开放式的厨房,这些都需要提前确定好。

拍摄参照

有时候想要的拍摄效果和最终出来的效果是存在差异的,我们可以找到同类的样品和摄影师进行沟通,说明哪些场景和镜头的表达是自己想要的。这样摄影师才能根据我们的需求进行内容制作。

背景音乐

背景音乐是一个短视频拍摄必要的构成部分,配合场景选择合适的音乐非常关键。比如拍摄帅哥美女的网红,就要选择流行和嘻哈快节奏的音乐。拍摄中国风则要选择节奏偏慢的唯美的音乐。拍摄运动风格的视频就要选择节奏鼓点清晰的节奏音乐。拍摄育儿和家庭剧,可以选择轻音乐、暖音乐。

5.3.2 脚本制作过程

在拍摄脚本里面,我们要对每一个镜头进行细致的设计。脚本制作过程主要分为镜头、景别、内容、台词、时长、运镜六个要素(见图5-3)。

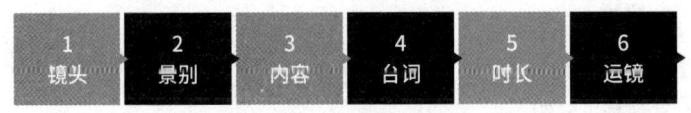

图5-3 脚本制作过程

镜头

镜头的表现手法一般包括推镜头、移镜头、跟镜头、摇镜头、旋转镜头、拉镜头、甩镜头、晃镜头等。

景别

短视频拍摄的景别分为远景、全景、中景、近景、特写。

远景主要用来表现自然风景、大的场面等。全景是把人物的整个身体展示在画面。中景就是指拍摄人物膝盖至头顶的部分，有利于显示人物的形体动作。近景是拍摄人物胸部以上至头部。特写就是对人物的眼睛、鼻子、嘴、手指等进行拍摄，适合用来表现需要突出的细节。

内容

内容就是把你想要表达的东西通过各种场景方式进行呈现，具体来说就是把内容拆分在每一个镜头里面。

台词

台词是为了镜头表达准备的，起到的是画龙点睛的作用，60秒的短视频，不要让文字超过180个字，不然让人看起来会感觉很累。

时长

时长指的是单个镜头的时长，提前标注清楚，方便剪辑的时候找到重点，提高效率。

运镜

运镜指的就是镜头的运动方式。从近到远、平移推进、旋转推进都是可以的。

5.4

写出优质短视频文案,套路离不了

好的"种草"短视频同样需要好的文案。缺少了好文案的支撑,视频就像缺少调味品的菜肴一样,食之无味。在"种草"短视频不是很出彩的情况下,文案能帮助视频提升一个档次;在视频出彩的情况下,文案往往可以起到"画龙点睛"的作用。短视频中的文案最主要的功能是建立情感链接,与用户产生共鸣。

抖音上之前有一条非常火的视频,视频里有一个人坐在出租车里拍窗外的场景,画面里是呼啸而过的车流,逐渐后退的树,灰扑扑的天空。这是常见的画面,没什么新奇,画面也不好看,也没有突发的偶然,也没有可以吸引人眼球的关注点。但是视频文案写得非常感人:

背井离乡来到这座城市已经四年了,还是一无所有。明天又要交房租了,感觉快要撑不下去了。看到的朋友能给我点个赞鼓励一下我吗?

这样的文案配上车窗外的风景和城市繁华,受众脑海里立马就能浮现一个内心孤寂、生活艰难的城市漂泊者的形象。很快这个视频就获得四十多万个赞。

为什么这种非常平淡的视频能够获得这么多个赞？答案就在文案。

短视频文案写作首先要找到用户在某个场景里存在的一个麻烦，然后针对这个痛点表明品牌态度，给用户情感上的触动，引发用户共鸣。比如上述案例，就是作者用外地人在城市打拼的漂泊感，使我们在情感上产生触动，从而激发了我们给予他鼓励的态度。

短视频的拍摄坚持以内容至上的原则，优质的视频内容会吸引更多的目标用户群体，而文案则像是优质视频的助推剂。想要真正地与自己的目标用户建立有效的长远的情感链接，就要好好地吸收以上的内容知识点。那么如何才能写出优质的短视频文案呢？可以从以下十个方面着手。

5.4.1 互动类

在互动类"种草"短视频中，可应用疑问句和反问句，且多留开放式问题，这样容易激起观众互动。例如：

你能打多少分？

有你喜欢的吗？

你还想知道什么？评论留言给我。

我做错了什么？

你们说我能怎么办啊？

这类开放式的问题，受众看到就会产生兴趣去回答、去互动。

5.4.2 叙述类

叙述类视频可选用富有场景感的故事或者段子吸引人。若自顾自地把故事讲完，则互动性较差。例如：

认识两年的一个理发师，只能在走廊里抽空吃个外卖，漂着的人都不容易啊。

这样的叙述，为用户呈现了一个非常有画面感的场景，让用户仿佛置身其中，也较易引起用户共鸣。

5.4.3 悬念类

悬念类的视频可在最后一秒设置反转。文案可以这样设置：

一定要看到最后！
最后那个笑死我了！哈哈哈！
最后一秒颠覆你的"三观"。

此类文案可以引发用户好奇心，长久逗留。

5.4.4 段子类

段子类"种草"短视频的文案，甚至可以与视频无关，但需要有强场景感。例如：

听完这首歌我拿出我爸的香烟，衬托出自己是个沧桑的男人。美好的画面在我妈提前回来的那一刻定格了。当我们俩四目相对，我并没有慌张，而是眯着眼对我妈说："小芳，这么早就回来了？"那天是我第一次住院。

这个文案的反转非常好玩，也能够激起受众的反馈。

5.4.5 共谋类

共谋类视频，例如励志、同情、真善美，等等。

3个月从160减到112……原来我们都可以做到。

人们希望他人看到的自己，是自己所希望的那个样子，所以如果你的文案能与Ta合谋，谁会拒绝变得更好呢？

5.4.6 恐吓类

如果说广告的目的是制造自卑感，那么"恐吓型"视频的文案就得是那个让你自我怀疑的临门一脚。例如：

"我们每天都在吃的水果，你真的懂吗？"
"每天敷面膜，你不怕吗？"

5.4.7 蹭热点类

蹭热点，是每个运营人都知道的方法，是"种草"文案中最简单易学的创作方法,只要"热点"选择得当,可以在短时间内带动非常高的流量,这是普通选题无法达到的。

5.4.8 低门槛类

低门槛是很多爆火事物背后的逻辑,一个老少皆宜或者广场舞大妈都能看懂的短视频,才有可能成为爆款,因为它的内容很大众化,且传播成本很低,不是只有特定人群才能看得懂。

5.4.9 共鸣类

想要自己的短视频成为爆款就一定要和用户粉丝产生共鸣,共鸣分为正向共鸣和反向共鸣。正向共鸣是别人对你的认同,反向共鸣是别人对你的不认同。认同会带来身份价值的体现,不认同会带来争论,两者都容易引发粉丝们的热议,从而带动话题,产生爆款的概率也猛涨。

5.4.10 明星效应类

明星本身对我们的生活方方面面都具有足够的影响力,可以通过娱乐化的方式和用户进行情感互动,让用户精神愉悦的同时领会到产品的理念和价值,不失为一种好方法。可以写明星的娱乐八卦,还可以与明星进行现场合作访谈。这些内容用于影响和引导用户来说已经足够。

5.5

视频要"洗脑",文案的六个规律把握好

厉害的短视频"种草"文案可以提升产品的价值,促进产品的销售,对品牌可以形成长期稳定的发展趋势,很多人把这种叫作品牌影响力。但写视频"种草"文案总有脑路闭塞、抓耳挠腮的时候,所以如果把吸引用户的那些视频文案的规律总结出来,可以省不少力气。如何把产品文案写得出彩呢?下面给大家提供六个切入点。

5.5.1 植入关键词

短视频"种草"文案,首先是让短视频平台看的。抖音的审核机制是机器+人工。机器主要是给短视频打标签,看看你的视频是哪个领域的,有哪些用户可能会看你的视频和初步审核是否有违规现象,人工审核是否违规和是否优质。所以说,视频抖音文案要尽可能多地涉及领域内关键词,比如职场领域多用"职场""老板""员工""工资""跳槽""同事"等词,让机器推给更多的人。当然了,还需要注意短视频文案的"雷区",也就是哪些词我们是不能用的,不然短视频平台会限制推荐。

非常规词

比如说一些生僻词、网络用词、缩写词等，机器根本"读不懂"，那么就无法帮你精准地匹配用户，受众会大大受限。

文案太长

视频"种草"文案一定要有，一定要多踩关键词，但是也不要太长了，用户在一个视频中停留的时间也就3秒，太长用户看都不想看，1~2行一眼就能看明白。

违反规定

包括违反抖音平台规定和法律法规，后者是严格禁止的，会被封号。

某短视频平台的规定，提供给大家参考：

第一，文案不能夸张，比如使用"震惊""吓死了""最高级""全世界""胆小慎入"等故意造成惊悚的词语。

第二，文案不能用演员的真名代替剧中的名字，误导用户以为是明星的花边新闻。

第三，文案与视频内容不符，与事实不符。

5.5.2　收集大众热词

写短视频文案的时候，一条简单的文案，插入一些大众都关注的事物、打动人心的词语、每个人都会遇到的烦恼问题，等等，文案立马可以变得很走心、很戳心。所以我们在平时可以有意收集这方面的词语，看到好的文案，把它拆分成一个个关键词，去掉辅助词和副词，留下的那个词就是你要收集的词。

当你写作没灵感的时候，也可以用这些词。把你的文案与这些词想办法联系在一起，就是你要做的事。收集的词语越多，文案脑洞范围也就越大。

5.5.3 贩卖焦虑

细细观察不难发现，每个人的生活都是追着各种各样的热点：今天隐私泄露问题，明天大公司爆出欺诈用户；今天感叹命运多舛，明天盼望活久一点……因为当下信息流社会中，每个人都或多或少存在焦虑感：情感焦虑、工作焦虑、新闻信息焦虑、知识焦虑等。而你要做的就是把短视频内容与焦虑联合起来，为用户缓解这个焦虑。比如红星二锅头：

待在北京的不开心，也许只是一阵子；离开北京的不甘心，却是一辈子。

在这个文案中，去留都是一种选择，只是自己的路自己选择。文案道出了广大"北漂"的辛酸，也拨动了所有离家在外拼搏之人的心弦。这样的短视频文案对于正在焦虑去留问题的受众，很具吸引力。

5.5.4 形象化的比喻

比喻是文案创作中的一种重要手法，同样适用于短视频文案，它可以让视频内容变得生动、活泼、更立体化。比如：

强生婴儿香皂，像妈妈的手一样温柔。

对于不具体、无法量化的标准，用上一个使用效果最好的比喻，也能通过文案让用户对你的产品打高分。

5.5.5 数据的表达

在《华尔街日报是如何讲故事的》一书中，有关于数据表达的四条具体实操建议：

第一，用比率来代替庞大的数据：比如5522个程序员中，有1112个用asp.net，其实直接说五分之一就行了。

第二，用简单的方法把意思表达清楚：比如已经有60%人同意了，直接说超过半数人已经同意了就行了。

第三，提供一个参照对象让数字更形象：比如他今天喝了10升水，这相当于是5瓶大可乐。

第四，不要在一条文案里运用过多的数据，让读者的阅读感觉像看一道数学题。

如果想在"种草"短视频中用数据表达品牌或产品，不妨试一下这几个点，提升文案的可读性。

5.5.6 流量思维

流量思维，简单来说就是用户思维，站在用户的角度想问题。洞察用户需求，像用户一样思考，视频内容给谁看，就把自己当成谁来写文案。如果没有一个系统思维，可以借鉴以下五点：

第一，用户的需求和偏好；

第二，需求和偏好的满足方式；

第三，这种满足方式需要什么产品和服务来完成；

第四，产品和服务需要用户投入多少成本来完成；

第五，对比其他商家，讲清楚你的产品投入成本上的核心优势。

结合以上五条，找到用户需求，想象一下用户看了你的视频文案后愿意把它分享出去吗？对用户有用吗？然后，把自己视频内容中能够戳中用户的核心优势点说清楚就可以了。

5.6 短视频要想高大上，制作软件离不了

我们常常在抖音、快手、火山、今日头条以及其他一些自媒体平台上，看到别人拍的短视频好玩又高大上。事实上，只有少部分人用原创的视频，大部分人的视频还是来自于伪原创，通过剪辑处理一些视频，制作自己的作品。下面从入门级到大神级，给大家介绍15款短视频剪辑软件。

◎ VUE

VUE是iOS和Android平台上的一款Vlog社区与编辑工具（见图5-4），允许用户通过简单的操作实现Vlog的拍摄、剪辑、细调和发布，记录与分享生活，还可以在社区直接浏览他人发布的Vlog，与Vloggers互动。

图5-4　VUE

种草文案

◎ 大片

大片App（见图5-5）是一款极具个性化和时尚感的短视频分享App。这款大片短视频App内置了多种效果处理工具、个性化的模版预设和多元化的动态排版，并将短视频编辑创作工具和社交分享平台结合在一起。在大片中，你可以使用功能独特的编辑器创造短视频，或者用MV模板生成一段炫酷的小视频，还可以看到来自全球用户的作品。

图 5-5 大片

◎ Quik

Quik（见图5-6）是一款功能强大的视频编辑软件。在Quik App中你可以将自己喜欢的照片、视频制作成超炫的视频作品，多种视频风格任你选，还可以自由添加文字、音乐等，非常好用。

图 5-6　Quik

◎ iMovie

iMovie（见图5-7）是苹果官方出品的专为Mac OS平台设计的视频剪辑软件，是Macintosh电脑上的应用程序套装iLife的一部分。它允许用户剪辑自己的家庭电影。大多数的工作只需要简单地点击和拖拽就能完成。

图 5-7　iMovie

| 种草文案 |

借助美观、精简的设计，iMovie以视频为焦点，让你以前所未有的方式演绎故事。浏览视频资料库，共享挚爱瞬间，制作美轮美奂的HD高清影片和好莱坞风格的预告片。通过iCloud，你可以在所有设备上使用iMovie Theater观赏影片。

◎ InShot

Inshot（见图5-8）软件是一款神奇的视频图片编辑软件。Inshot软件强大的视频照片编辑功能让你就算是个软件小白也可以轻松操作，同时，Inshot还有音乐添加功能，让你的视频有声有色、内容丰富。

图5-8 InShot

◎ Enlight Videoleap

Enlight Videoleap是一款制作创意视频的软件（见图5-9），软件的优点就是做到了易用性和专业性的平衡，了解后简单易上手，基于图层进行编辑，创作随心所欲。

图 5-9　Enlight Videoleap

◎ Final Cut Pro X

Final Cut Pro X（见图5-10）是Mac OS平台上最好的视频剪辑软件，Final Cut Pro X为原生64位软件，基于Cocoa编写，支持多路多核心处理器，支持CPU加速，支持后台渲染，可编辑从标清到4K的各种分辨率视频，ColorSync管理的色彩流水线则可保证全片色彩的一致性。

图 5-10　Final Cut Pro X

种草文案

Final Cut Pro X的另一项主要革新是内容自动分析功能，载入视频素材后，系统可在用户进行编辑的过程中，自动在后台对素材进行分析，根据媒体属性标签、摄像机数据、镜头类型，乃至画面中包含的任务数量进行归类整理。

◎拍大师

视频剪辑大师——拍大师，是国内简单的专业录屏软件和视频剪辑软件，集成了屏幕/游戏/iphone投屏录像/直播，支持无限轨道编辑、画中画、配音、加字幕、文字转语音、加背景音乐、调色等专业功能。

自带丰富的好莱坞震撼片头、3D文字、调色滤镜、转场、趣味音效模板，轻松编辑视频淡入淡出、快慢放、画面旋转效果，支持一键上传视频到优酷和腾讯等多个视频平台。同时支持手机制作上传。

◎爱美刻

一款强大的在线视频制作软件，有多种模板可以选择，手机、电脑均可操作，需要准备制作好的照片或者视频素材、上传，添加文字即可。这是一款需要付费的软件，需要大量制作视频的创作者不妨考虑使用。

◎喵影工厂

喵影工厂，是一款简单易上手的视频制作软件。基本功能满足新手所有用户需求，仅用免费特效也能让业余视频创作者做出很棒的效果。

◎快影

快影是快手公司旗下一款简单易用的视频拍摄、剪辑和制作

种草视频：最好的营销利器

工具，具有强大的视频剪辑功能，丰富的音乐库、音效库和新式封面，让你在手机上就能轻轻松松完成视频编辑和视频创意，制作出令人惊艳的趣味视频。快影是快手用户编辑搞笑段子、游戏和美食等视频的选择，特别适合用于30秒以上长视频制作。

◎**会声会影**

非常受欢迎的视频编辑软件，简单易学功能强大，业余爱好者和专业人员都适用。会声会影可以轻易地制作出非常有特色的视频，是编辑视频、音频、图片、动画的好帮手。

网上很多作品其实就是使用会声会影制作而成。软件自带许多模板，导入你的现成视频、图片，配上你的画外音（录音）或音乐，就成了片头片尾。

第六章

服装类种草：

想疯狂带货，照着做就对了

卖什么比较容易？人们最有需求的，衣食住行，服装排第一。服装行业的"种草"，早已从模特美图转到了图文并茂＋优质短视频的形式。好的服装类"种草"文案是什么样的？让用户感知到价值，不要说卖衣服，要说卖美感，卖故事，卖情怀……

| 种草文案 |

6.1

将情感诉求变为购买力

一件衣服要打动人,必须要有情感在里面。为什么很多高级定制强调手工?因为是一针一线缝出来,带着情感和温度。在西方,众多服装奢侈品牌最爱提及的手工传承、百年技艺也是高价位的代名词,因为这样的服装品牌不再只是简单的品牌,而成为一种风格、一种情感表达方式,或者故事,这样的服装品牌才会具有灵魂。

著名市场营销学家菲利普·科特勒把人们的消费行为大致分为三个阶段:

第一阶段是量的消费阶段。这一阶段商品短缺,人们追求量的满足。第二阶段是质的消费阶段。这一阶段商品的数量极丰富,人们开始追求同类商品中高质量的商品。第三阶段是感性消费阶段。随着技术的不断成熟,产品的同质化,不同品牌的商品间很难在质量、性能等方面分出上下高低。这时消费者所看重的已不是商品的数量和质量,而是最能体现自己个性与价值的商品,是消费的个性化阶段。

从这段文案中,我们明白了为什么在服装文案中必须要有情感的投入。因为只有这样,才能促使用户细心地品味,让服装成为其外在的表达语言,折射出其内心的不同感受。比如绿色与黑色这两个色调,有着不一样的表达内容。绿色是冷静的色调,不热情,只是一种和平的颜色,不张扬也没有侵略感。而黑色,永远流行,非常有主见。

所以,写服装文案一定要写情感诉求,——解读服装背后的文化。相比一味只强调高贵、美丽、优雅的普通文案,更能深入用户的心底。这样,用户还没有看完文案就已经被打动了,而真正说服他的,是文案唤起了他内心潜在的情感诉求。那么,面对情感诉求本来就已经泛滥的不利状况,服装文案如何在营销中把情感变成购买力呢?不妨从以下三个着力点切入(见图6-1)。

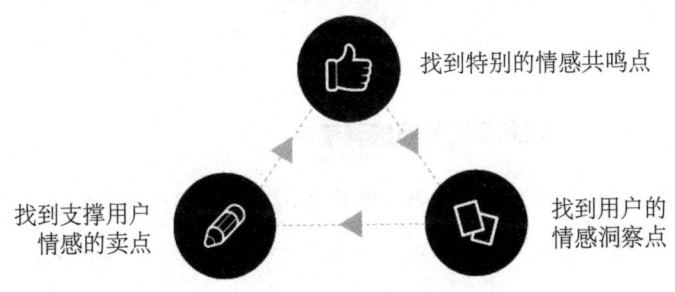

图6-1 服装文案情感营销的三个着力点

6.1.1 找到特别的情感共鸣点

很多服饰文案在情感诉求上惊人地相似,无外乎都在讲"我就是我,不一样的烟火",而且在演绎手法上也大致雷同,或找个明星来拍几段视频,试图用明星的真实生活来演绎个性的包容;或找几十个素人的采访,美其名曰各行各业KOC(关键意见消费者)的故事。事实上,随着对这些套路的洞悉,用户的情感营销阈值已经越来越高,要想真正打动他们,需要找一些还没有被讲到滥俗的情感点,用他们乐于接受的方式来演绎情感。

现如今人们对于物质生活的"感受阈值"越来越高,当吃到越来越好吃的东西,再多一点好吃的,也不会感觉到有那么好吃了。虽然人们的工作和生活压力大,但是因为物质条件好了,感官的基本需求经常被过量满足,由此导致人们更加渴望精神上的需求增加。比如大部分的人都存在过量饮食的现象,没有机会运动和吃苦,于是有了"徒步戈壁""跑马拉松"等活动需求。

基于这样的情感洞察,服装文案不能只是浮于表面,而应用恰到好处的方式表达出来,让用户发自内心认同,把情感诉求变为购买力。

6.1.2 找到真正的情感洞察点

人是一种情感极其丰富的物种,可以挖掘出很多情感共鸣点。面对这些情感共鸣点,重点是如何建立其与产品的联系。例如:

告别一板一眼的生活,从放弃一板一眼的衬衫开始。

——日系垂顺堆领衬衫

这个服装品牌的目标受众是25~35岁都市的打拼人群,普遍对未来感到迷茫和焦虑。所以品牌文案要做的是先以一种同理心去理解他们的焦虑，工作的枯燥和呆板，让他们感到窒息，但可以从着装上来寄托自己自由的灵魂，缓解工作中的循规蹈矩。这个过程中，最重要的是找到目标用户的情感共鸣点与服装建立联系，否则是没有价值的。

6.1.3　找到情感共鸣的卖点

一条裤子要是能陪你上山下海，那它该是能叫姑娘忘记男友的存在。————复古斜纹背带哈伦裤

这个文案告诉大家裤子很结实，穿着它可以适应任何环境，甚至可以忘记男朋友的存在。很多女孩子看过之后，会觉得这条裤子可以赋予自己一些刚毅的气质，无形中被"种草"。所以，很多服装"种草"文案要想通过情感营销实现带货，有一个不可或缺的因素不能忽略，那就是能否在产品本身找到可以支撑用户情感共鸣的卖点。这也是很多服装文案在做情感营销时容易忽略的一个环节，只在传播层面费尽心思挖共鸣点、创作故事，却忽略了产品卖点与用户情感共鸣之间的关系。

这里所说的，支撑情感共鸣的卖点可以用两种方法来打造：一种是产品本身就有的功能利益点，那你要做的就是在营销中传递这个卖点；另一种是产品本身没有这样的卖点，但可以通过营销手段在购物体验上打造这样的情感支撑点。

6.2

使用吸引用户眼球的句式

当用户一打开搜寻引擎,琳琅满目的服饰文案都会涌现在眼前,该如何做才能让广告击败群雄、脱颖而出?自然非"种草"文案莫属。所以,写这类文案前,首先要对品牌服装色彩、廓形、面料,还有制作工艺四大要素有所了解;其次要深度挖掘服装的卖点,对图片进行相应的补充说明;最后用能够吸引用户眼球的句式,从眼花缭乱的竞争信息中脱颖而出。

6.2.1 好身材谁不想要

相信不管是男人还是女人买衣服的时候,都会非常希望能够借由衣服表现出自己的身材优势,因为好的身材是所有人的向往。所以,可以从身材方面着眼,让人一看就知道服装的重点,自然很容易吸引目标用户。比如泳衣的文案就可以这样来写:

胸前膨胀感Get!托高、集中,好身材若隐若现,轻松征服全海滩!

服装类种草：想疯狂带货，照着做就对了

如果是卖男装的，则可以写：

完美服贴，展现爆肌肉的男人魅力，炫出你的黄金比例。

有人想展现自己身材的优势，但也有一些人想要隐藏自己身材的缺陷，而修身百搭一直是不退流行的话题，可以用舍短取长的写法，轻松击中用户的心！比如：

全民疯显瘦，肉肉妞大热天就这样穿。
告别胖身材，心机穿搭让你更贴近性感。

此外，还可以强调特殊剪裁，比如：

还在靠衣物遮遮掩掩？××服装特殊剪裁，让肥肉消失得无影无踪。

另外，因为衣服款式不同，版型自然也不同，而不同的版型又针对不同身材比例的用户，不妨从版型定位人群入手，比如：

独家设计师款，专为东方人设计，高品位剪裁，打造清新的酷感淑女。

这则文案特别强调了自己的品牌款式是专为"东方人"设计的，适合那些又想清新又想酷感的女孩。如此一来，轻松与市面上

的其他品牌做出区别，给用户留下特别清晰的品牌认知。

6.2.2 明星追追追

很多疯狂的粉丝，常常会对自己偶像的一举一动非常关注，而明星的衣着打扮自然成了最显而易见的模仿重点，明星效应由此产生，可以轻松引人注意、强化事物、扩大影响的效应，能够刺激消费，带动产品销售。

好莱坞明星人手一件。

韩星欧巴都说好穿。

但如果品牌和明星们没有代言签约，就可以像上面的文案那样，用"好莱坞明星"和"韩星欧巴"这样比较广义的代名词，告诉用户，他们喜欢的明星都穿这个。

6.2.3 优惠特卖不能少

换季的特卖通常可以吸引到不少用户，因此有活动促销的时候，根据季节来包装是很不错的选择。比如：

暑期季末折扣，买愈多省愈多。

不同的优惠也可以写在同一条文案，让广告看起来更加划算。比如：

全场任2件享组合价,轻松打包,满额再享免运费。

还有,如果商品的价格非常低,也可以直接在文案中写出。比如:

最低一件只要99元起。

6.2.4 特别强调品质

服饰的材质、质感,也是用户越来越在乎的事,尤其买童装的时候会特别重视,关心材质是否天然、无刺激。商家如果对产品的材质有信心,可以用文案来强调服饰是品质保证的。比如:

100%舒适手感,让肌肤解困透透气。

天然彩棉,A类品质,够软、够大、够亲肤,给宝贝完美的呵护。

这两则文案从同理心的角度出发,设身处地为那些在乎衣服品质的用户思考,从他们最关心的安全面料、天然环保、零甲醛细节入手,来消除他们心中的疑虑,进而接受产品。

6.2.5 这就是你要的风格

各式各样的服饰风格,都会有属于自己的客户群体,找对服装的特色,再用文字加以修饰,总会得到不错的成效。例如客户的商品大多是黑色系的服装,就可以写:

个性女神,性感演绎魅力。

若是走浪漫风格的话,则可以写:

梦幻小女人的时尚态度。

有种甜美和流行共同兼顾的感觉。而潮牌服饰的客户群体年龄层相对比较小,可以这样写:

超越潮流,创造你的潮流。

这则文案,对于想时刻引人注目的年轻人会特别有效果。但如果自己的产品大多是非常简单的款式,可以写:

用极简风甩开邋遢,散发女神知性美。

6.2.6 符合产品调性

不要高估价格的力量,也不要低估品牌的力量。可以根据自己品牌的定位采用符合产品特性的文案策略,从而达到最高转化率。

随风,随意,随生活。
遇见·璀璨之夏

服装类种草：想疯狂带货，照着做就对了

这是两组棉麻品牌文案。品牌型文案主要以传达品牌精神主张为主，表达品牌内涵与精神，以及品牌代表的生活方式，在细分产品用户群，获得目标用户群高度认同方面有不可替代的作用。

得不到的总是在骚动，诺，石榴终于做出来了。
这套××也太好看了吧，盘它，盘它，盘它。

网红类文案比较接地气，一般用微博语来完成，很有代入感，与很多品牌文案的高大上不同，网红型文案更容易拉近和买家群的距离。

想要你，在每一次相遇，对我一见钟情。
风都是跟风，我去哪里都一样。

日系风格的一种情绪化表达，以敏锐的直觉与感受，洞察少女的恋爱物语心事，以少女心的喃喃自语文字，引发女性共鸣，强调个性的独立设计师品牌较适合此类文案风格。

6.3

编好你的专属故事

世界上有三个改变世界的苹果。第一个被夏娃吃了,开启了人类的欲望;第二个砸中牛顿,发现了万有引力;第三个被乔布斯咬了一口,出现风靡世界的苹果系列产品。

这是坊间关于苹果公司的一个传说,虽然是网友杜撰,却具有非常明显的穿透力和传播力。这说明好的品牌故事,可以让人们铭记很多年,并且真正流传起来。

我们每个人的大脑,都分为左脑和右脑,左脑是理性脑,右脑是感性脑。左脑极具逻辑及分析能力,决定我们的条理研究和逻辑表达。右脑极具艺术天分,左右我们的艺术、绘画、讲故事的能力。身处于信息大爆炸的时代,每个人的时间仿佛都不够用,这时候左脑会理性地选择屏蔽广告,给自己节省更多时间,而右脑是情绪脑,人们会不自觉地被故事打动,而且喜欢道听途说一些八卦、趣闻、有意思的事。

所以,品牌用故事化沟通是传递信息最有利的方式,服装"种草"文案也是如此。翻开很多服饰品牌的历史,会发现每个成功品牌的背后，都有一个动人的故事。

阿玛尼说在他的人生字典里，永远有一句话在经典地闪烁："我是为设计而生的，在我的生命里流的是设计师的血液。"时至今日，阿玛尼公司的业务已遍及一百多个国家。除了高级时装Giorgio Armani之外，还设有多个副牌，如成衣品牌Emporio、女装品牌Mani、休闲服及牛仔装品牌Armani Jeans等，其中产品种类除了服装外，还设有领带、眼镜、丝巾、皮革用品、香水等。Emporio Armani是非常成功的品牌，Emporio的意大利语的意思是指百货公司，即Armani百货公司，这是Armani的年轻系列的牌子。

这则文案是阿玛尼服装品牌的故事，把创始人一句极具匠心的话放在开端，强调这是一个非常注重设计感的品牌，给人留下非常深刻的印象。由此可见，这些故事可以赋予服装独有的特质和精神内涵，是服饰品牌向用户传达品牌精神的重要工具，可以让用户产生共鸣和认同感。同时也是用户和品牌之间的"情感"链接，使用户受到感染或冲击，激发潜在的购买意识，并愿意"从一而终"。但是并不是所有的服饰品牌故事都能流传起来，能流传起来的品牌故事必须包括两个核心要素。

6.3.1 品牌核心价值观

一个与品牌理念相契合的故事，强调的正是"品牌的核心价值观"。而品牌故事传播内核的建立，正是寻找品牌核心价值观的过程。

▌种草文案 ▌

在长满青茵草的运动场上，曾经的毛头小子和黄毛丫头初遇，他们来自江南的不同角落，却有着热爱服装的共同梦想和那最纯朴最热情的青春。他赢了万米长跑冠军，她为他加油喝彩。纺车前的那对恋人裁剪着一块块棉麻布料，混着老纺车吱呀的织布声，谱出曼陀铃的旋律，古典而空灵。

女装INMAN茵曼（见图6-2）的故事讲述了江南一对青年男女在大学相遇并成为恋人，共同学习共同成长，度过了很多美好的青春时光。后来又因为对纺织业的共同爱好，走上了服装设计和加工的道路，最后一起创办了茵曼这个品牌。茵，是青茵草，代表着校园里那片恋恋不忘的绿草如茵。曼，是曼陀铃，婉转着江南水乡的曼妙身影。茵曼的品牌核心价值就是"原生态的美"，一切都是那么舒适自然，素雅而简洁，个性而不张扬。这是区别于其他服饰品牌的核心因素，浓缩的是一段清纯的感情结晶。

图6-2　女装 INMAN 茵曼的 logo

这个故事非常浪漫，从相遇、相知、相爱，再到共同创办服装品牌，整个过程都给人一种"原生态之美"的感觉。所以，找准品牌核心价值观，我们才能确立服饰品牌的主题，它或许只需要一两个字就能概括。德芙背后的故事主题是"表白"，苹果背后的故事主题是"引领"，南方芝麻糊背后的故事主题是"怀念"，还有无数的故事，背后都由一种情感或情绪作为支撑。

6.3.2 品牌故事附着产品

服饰品牌故事并非空中楼阁，需要实体的支撑和支持。产品往往作为品牌的真实依托，呈现出品牌故事所传达的品牌理念。因此品牌故事必须附着于产品，通过产品包装、产品细节、产品卖点、产品口碑等环节的塑造，提升品牌故事的可感度。

继承文艺内核的知性表达，有奥黛丽·赫本式的优雅味道，兼具幽默、灵动的因子，翻出新鲜的花样。为你设计可以穿去上班、可以下班约会的好看衣服。

拿这则文案来说，通过彰显衣服的"适用性"来举例，通过场景举例，承载一些和"文艺知性"的相关话语，比如大家熟知的奥黛丽·赫本，或者约会等字眼，让服饰品牌灵动起来，变得让人非常容易接受，同时也突出了品牌的与众不同。如此一来，品牌服饰就真真正正拥有了"文艺知性"的人格魅力，给用户代入感，觉得只要穿了这个品牌的衣服，就会变得"文艺知性"起来。所以，在服饰品牌故事的写作中，无论是产品细节、面料材质、剪裁设计，都要能够支撑品牌故事所传递的价值观、理念，做到上下一致、真实有料。

| 种草文案 |

6.4

聚焦战略,超级细分品类

你写PPT时,阿拉斯加的鳕鱼正跃出水面;你看报表时,白马雪山的金丝猴刚好爬上树尖;你挤进地铁时,西藏的山鹰一直盘旋云端;你在回忆中吵架时,尼泊尔背包客一起端起酒杯在火堆旁。有一些穿高跟鞋走不到的路,有一些喷着香水闻不到的空气,有一些在写字楼里永远遇不到的人。

这是淘宝女装品牌步履不停的文案。近几年这个品牌凭借着充满美感的文案、微博日/夜签,将文案写成了现代诗,描绘出美妙的意境,并融入一些关于人生的思考,看上去十分文艺,俘获了万千文艺少女的心。

这一路走来,步履不停的文案,从最开始的文艺风到后来加入人生感悟,再到短小金句,聚焦的都是"都市文艺风女装"的风格,这是一个超细分品类,很轻松地就避开了淘宝上大部分女装品牌的竞争。何为聚焦?即品牌资源有限时,应倾尽全部资源去进攻一个细分品类。比如早期京东主打3C;苹果的复生全靠一个MP3;晨光始终如一卖文具;海底捞忠诚不二煮火锅。其实,这和物理上的压强原理是一样的：钉子尖越小，越容易刺进物体。

这个很好理解，步履不停的风格，是"都市文艺风女装"，而喜欢这种风格的人，也必是"偏文艺的都市女青年"，所以她的目标消费群体，已经是非常狭窄和精准。既然有了一个精准狭窄的目标消费群体，文案在"用户洞察"上就容易很多，并且"偏文艺的都市女青年"也是一个喜好和个性十分鲜明的群体，文案在"制造共鸣"上也就有了可能。

另外，"使用客户喜欢的语言去说服客户"，这是销售上的一个基本技能。所以，当聚焦了精准目标消费群体，在"种草"文案的风格上，便可以精准地使用消费者喜欢的形式。比如面向"文艺群体"的语言，与面向"商务人士"的文字，就完全是两套不同的文字，前者更为精致，意象更为浪漫。

以上步履不停的聚焦战略，最关键的步骤就是找到具有"相同核心特征"的用户（或潜在用户）。唯有"相同核心"，才能洞察其共同需求、触及其共同心灵，使用其共同语言、打造其集体共鸣。

最常用的聚焦战略有以下三种。

6.4.1 统计学聚焦

"统计学聚焦"是一个最常用，也是最简单的市场细分策略。它是通过用户身上可以被统计、量化的具体特征来进行细分的，比如年龄、性别、收入、受教育程度，等等。像高端服饰品牌和普通平价服饰品牌所面向的消费者，其年龄和收入必定有极大差异，因此他们对待着装的态度也势必不同。所以在写服饰"种草"

文案过程中,就要根据这些特点的不同,去使用不同的语言风格,塑造不同的利益点。

  脱掉年龄,穿上冒险。
  我就是,我。

  这则西武百货的平面广告,正是通过统计学聚焦找到自己的用户群体——中青年人居多。他们最不喜欢听到"适合你的年纪""你这个年纪已经不适合"之类的话。然后,写出这样彰显自我的"种草"文案,说出这些用户内心真正想说的话,表达一份不甘心。从而,引导他们去穿从未穿过的新衣服,或者去冒从未冒过的险,时刻准备着遇到一个全新的自己。
  再比如,一些潮流时尚的品牌,购买者大部分为收入不太高的年轻人,所以在文案上便会使用偏年轻化、网络化的语言,并且强调朴实的价值观或功能。而针对高端收入人群的大牌、名牌,则使用倾向文化性、高格调的语言。

6.4.2 心理聚焦

  对于心理聚焦,也有人称其为个性特征聚焦,就是指按照用户的生活方式、个性特点,去聚焦出一个市场。比如有的用户群体热爱文艺、心思敏感、向往远方,于是就产生了像"步履不停"这样的文艺服装店。

  听见云走了,风在说话。树叶朝着阳光微笑,他们觉得你被伤感吞没了，其实你只是感受到了全世界。

而步履不停的文案，自然而然也符合目标客户的气质，像这则文案一样，文艺、灵动且具有情绪的表达。

6.4.3 场景聚焦

衣服是性别。衣服是空间。衣服是阶层。衣服是权力。衣服是表演。衣服是手段。衣服是展现。衣服是揭露。衣服是阅读与被阅读。衣服是说服。衣服是要脱掉。衣服就是一种高明的政治，政治就是一种高明的服装。

以上这则中兴百货的文案，把衣服比作"高明的政治""性别""空间""阶层"等抽象的东西，从一个侧面说明衣服在各种不同社交和生活场合里的重要性。

事实上，相同的用户在不同的场景中，会做出完全不同的服装消费选择。比如参加聚会和落寞独处时，在着装选择上就会大有不同；工作日与长假期，选择的休闲方式也会明显不同，相应的服饰自然也不相同。所以，"场景"也是服饰品牌聚焦市场的一个重要变量。

6.5

人格化,为品牌注入灵魂

现代营销大师菲利普·科特勒直言不讳地指出:一个成功的人格化的品牌形象就是其最好的公关,能够促使顾客与消费者的关系更加密切,使消费者对品牌以及其内在文化的感情逐渐加深。

随着媒体环境的变化,今天品牌要面对的是电视、报纸、杂志、网络、短信、各种App、微信与直播等各类媒介平台。在这样的环境背景下,一个品牌就是一个人格标签,品牌必须具有自己独有的灵魂和性格,才能在信息爆炸中获取受众的注意力并且赢得他们持久的信任。在商品匮乏的时代,商品仅能够提供功能满足,但如今市场竞争愈演愈烈,品牌人格化逐渐成为在竞争中胜出的法宝。

营销的本质是占据客户的心智资源,而广义的"品牌"的概念与之异曲同工,品牌具有经济价值的无形资产,用抽象化的、特有的、能识别的心智概念来表现其差异性,从而在人们的意识当中占据一定位置。所以,一个好的品牌,必然是人格化、有个性、有灵魂的,而这也是用户忠诚于某个品牌的根本原因。最终,品牌在消费者心中的形象，已经不仅仅是一个产品，而渐渐演变成了一个形象丰满的"人"，甚至拥有自己的形象、个性、气质、文化内涵。

"让我住进你的心间，默然、相爱，寂静、欢喜"，这是品牌人格化的最高境界。但是你的品牌如何住进用户的心间？如何让用户与你相爱？如何寂静地相守与欢喜？服装品牌"种草"文案人格化，不妨学习如下两个品牌。

6.5.1 劲霸男装

品牌人格化的初级形式，只是将品牌赋予一定的形象，这些形象符号的功能，主要是增强品牌的辨识度，并不过多承载品牌精神和企业理念。现在消费者越来越重视消费过程中的参与感与体验感，他们对冷冰冰的品牌不感冒，只会喜欢跟自己性格标签一致并且具有高度辨识度的"人"。所以品牌人格化是让用户爱上你的前提。

劲霸男装推出了一支品牌广告片，携手中国当代摄影大师肖全——"中国最好的人像摄影师"，15天、6个省份、7638公里、32位消费者、30多个不同行业、1300次快门、280张照片真实记录下一些普通而平凡的男人，把这些相对成功的普通人拉入公众的视野，以艺术而温情的方式将他们的姿态定格，为用户所铭记。

男人永远别把难看得太难。
我不怕失败，只怕不努力。
不服气，我才有了好运气。

男人不去闯，就是白活一场。

在这组"劲霸，就这样"的主题广告中，劲霸为那些不甘止步、勇往直前的男人发声，希望人们记住那些从未被聚光灯照射，却仍在舞台上起舞的男人们。其实是把抽象的品牌转化为具象、可感的"人"的形象，拉近了用户与品牌的距离，以此彰显自己品牌的定位，获得市场与用户的认可，积累下极高的社会知名度与品牌影响力。

但品牌人格化，一定要搞清楚：在与目标群体的对话中，品牌要扮演一个什么样的角色，要与目标群体建立何种关系。你的品牌可以不大，但你的产品必须有自己鲜明的态度，让思想影响他人，用个人魅力去为品牌增色。

6.5.2 韩都衣舍

韩都衣舍是著名的互联网服饰品牌，凭借"款式多、更新快、性价比高"的产品理念，创立12年来，屡次拿下各电商平台互联网服装品牌销量第一。这与其构建"网红"人设及人格化营销增强用户信任的运营思路是离不开的。韩都衣舍目标人群是年轻女性，这些用户非常关注网红穿搭，向往网红的生活，因此韩都衣舍将品牌的"韩风"和"网红"结合，通过构建韩国网红人设，进行"维新派"的人格化营销。

你们说网络是泡沫，你们说我们还太嫩，你们总以过去定义我们的未来，你们总拿你们的故事否认我们开创的奇迹。你们正老

服装类种草：想疯狂带货，照着做就对了

去，却还不承认世界已经在我们手里。

保守，从来守不住。未来只为维新而来。谢谢你们保守派，这个时代我主宰，我们是维新派。一个人做的梦只能是梦，一群人做的梦是一个时代，致敬那些敢于颠覆传统的时代先锋。

犀利而具有挑战的广告文案，亮出自己是"维新派"观点，这种不卖货却卖人设的行业，正是为品牌打造人格化服务。这样人格化的营销，能让用户觉得品牌离自己的生活很近，就像是身边的朋友，信任感很容易就建立起来了。由此可见，品牌人设还有个好处就是可以反复营销，通过朋友圈、群发等手段反复给用户"种草"，增加转化的机会。

但在这个过程中，要注意平等沟通，因为品牌人格化的最终目的，是实现品牌与用户的有效沟通。"有效"的诀窍，在于"平等"。如果品牌总是保持着高高在上的姿态，就会给人以距离感。你的品牌应该俯下身来，使用户体会到人情味的服务，从而让用户产生共鸣。

6.6

兼顾文风和服装卖点

走文艺路线的服装品牌不少,这些品牌的很多文案都能读出诗意,但是在具体到每一款服饰介绍的时候,往往就回归"理性"了:精美印花、贴合亚洲体型的剪裁、棉质呼吸柔软等。很显然,在服装介绍的时候,文艺文案不那么好写。

既要保持文案的调性,又要符合衣服本身的设计和特色,是比较为难的。以"步履不停"品牌为例,最常用的方法有以下三种。

6.6.1 从衣服的穿着场景上延伸

写衣服的描述性文案,经常会写到穿着场景,但是可以尝试着换种方式,不再是简单的罗列场景,而是把场景和穿者的心情、情绪、性格融合在一起,这样就比较容易写出文艺的句子,同时又让服装有了人格的底色。比如:

一条裤子要是能陪你上山下海,那它该是能叫姑娘忘记男友的存在。　　　　　　　　　　—— 复古斜纹背带哈伦裤

只有利落的外套和脚步不被杂草束缚。 ——高翻领针织大衣

一人一猫、无人打扰,想象中一人居的理想状态。

——猫咪印花圆领T恤

身体交给外套,心交给雪地,才是感受冬天的方式。

——蝙蝠袖呢料短外套

这件叫离家出走的风衣,有没有读懂你的出离心?

——宽松连帽廓形短款风衣

当人们默认穿黑色的人寡言少语,它就成了我拒绝社交的保护色。 ——不对称褶皱暗格连衣裙

6.6.2 从服装的特色亮点上找"转折点"

面料、设计、剪裁等特色,都会让一件衣服出彩,而文案可以利用这种"出彩",不是顺延,而是转折,让这种特点闪现出意料之外的"优势"。比如面料轻薄,一般衣服会写到穿着轻松、透气、舒适,而转折一点,便可以延伸到梦之翼,为你的白日梦插上翅膀。比如:

告别一板一眼的生活,从放弃一板一眼的衬衫开始。

——日系垂顺堆领衬衫

向来是男女通吃的衬衫,被我们在后领戳上了50%的印记,想告诉你的是,所谓性别界定,在美学面前完全是可以被忽视的存在。

——多色基础款衬衫

窗外已是燥热喧哗的夏天,但人生的四季变化,只有自己知道。

——系带不规则抽褶裙

我想过夏天有短裤短裙，却从未想过它俩相拥度日。

——夏季假裙短裤

假如你感到悲伤，希望一件毛衣的暖，能带你离开。

——花边领毛织开衫

他们说卫衣不属于冬天，其实卫衣不属于冬天在被窝里缴械投降的人。

——罗马拼接连帽卫衣

重复的很多，独特的很少。你的个性，是这世界急需的养料。

——日系竖条纹休闲连衣裙

一条假装是牛仔的连衣裙，也不妨碍我获得真实的乐趣。

——夏季牛仔拼色连衣裙

没有台阶的人生，甚至都比不上，一条起起伏伏的裙子。

——裁片结构半身裙

6.6.3 增加一些生活的小哲理

经常看到来自生活中的"小哲理"让人会心一笑，如果仔细思考，会发现这些"小哲理"实在总结得巧妙，而且用在产品文案上经常会收到不错的效果，比如之前流行的瓶身文案、丧文化文案等。服装也可以：

你永远无法预测下一个浪花，会拍在什么地方，所以照顾好心情和裤腿就好。

——纯色棉麻休闲裤

会被铁网捕捉的，永远是那些，畏畏缩缩的灵魂。

——简约印花披肩

不是衣服颜色单调，活得无趣那会儿，穿什么都单调。

——宽背带工字褶半身裙

不能在日常里找到令你平静的事物，后果可能是成为一颗仙人掌浑身长满刺。 ——全棉基础短袖T恤

人与人的亲密关系，有时不如一件打底裤。 ——打底裤

坚守我的黑白主义，管他世界五彩纷呈。

——格纹八分阔腿裤

6.6.4 从服装的细节，找到与日常的链接

细节的描写，如果和日常结合起来，就会生动有趣很多。服装文案更是如此，相比于一板一眼地写颜色、面料，我们更喜欢看到有灵魂、有生活情趣的描述。

公车、肥皂、斑马线和油条，风把整个城市的气味裹挟而上，然后在某个场所不期而遇。 ——天空条纹连衣裙

藏青、淡卡其交织的风衣外套，一眼就能识别的秋天气息。

——格纹翻领风衣

就像是胶片，把光线一束一束地收集起来。色彩层叠地排列，行走时仿佛光影的变幻。 ——彩色条纹透明胶片纱裙

像半融化状态的三色冰淇淋，15%澳洲羊毛，松松软软的，穿的时候，和用小勺子轻轻挖开没什么两样。一人份的热量已经装在里面啦，巧克力、花生、牛奶，请慢用。 ——渐变色套头毛衣

寒冷过后温暖也不远，含苞待放的灯笼裙，再见就是春天。

——个性拼接灯笼裙

种草文案

粉与藏蓝,一暖一冷,给偶尔想要尝试色彩,又抗拒变成霓虹灯的姑娘。
——菱形格套头毛衣

日本哲学教授鹫田清一认为,穿衣的学问是一门哲学,它包括更广泛意义上的"穿衣"行为,比如化妆,比如染发,比如使用香水。在这一切背后,是一种名叫"自我"的东西引导着我们的行为。"步履不停"通过以上四种方式来兼顾文风与衣服的卖点,文案文字细腻,调性一致,充分表达出品牌"积极随性,相对自由"的自我(而这正是很多文艺女青年的普遍追求)。所以,能够轻松进入用户的心智,让她们成为品牌的"死忠粉"。

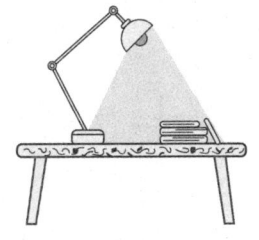

第七章

美容类种草：

还没看完就要买买买

为什么用户还没看完美妆产品的文案就已经下单？为什么用户会有多支口红、多款面膜，却还在买买买？掌握3个原则、6个万能公式、4个套路……你也能轻松写出让用户快速成交的"种草"文案。

| 种草文案 |

7.1

把握好三个原则，才能走心

在说化妆品文案之前，先想一下，女人为什么需要化妆品呢？因为美是一种永恒的追求。大多数女性都很在意别人对自己外貌的评价，对于自己的外貌，她们也是心里很没底的。正因为如此，王后才喋喋不休地问镜子：谁是世界上最美的女人？化妆品广告文案的销售是一种变美的期望，暗示你如果使用他们的产品，就有可能变得美起来。

搞懂了女性这一消费心理，90%化妆品文案的思路也就出来了：给你变美的期望，提升你的自信。在更详细的文案中通常都有描述产品的使用效果，比如"紧致肌肤""改善皱纹""水润剔透""细腻红润"，但说得都很笼统，改善皱纹要到什么程度，究竟什么样的肌肤才叫细腻红润，这些不说透，只是想要给用户留下想象空间的。比如羽西的"绽放你的美"，屈臣氏的"美丽每一个你"，丸美的"美，从眼前开始"，ONLY的"肌肤与你，越变越美"，自然堂的"你本来就很美"。

化妆品文案创造直接关系到产品的定位、风格，甚至销售。可以说，化妆品畅销的成功在很大程度上取决于文案创作。当然文案的创作不仅涉及创作者的专业素质和文化功底，而且涉及品牌的文化脉搏。因此，化妆品文案创作不可能一蹴而就，必须厚积薄发，精雕细琢。

纵观当前化妆品的文案创作，大致表现为"三多三少"：一是迎合消费者多、盲目跟风多，经典的少、耐久的少；二是模糊概念多、东拼西凑多，易懂易记的少、言简意赅的少；三是修饰用语多、假代借代多，简单明了的少、名实相符的少。造成这种现象的主要原因是化妆品行业的短期行为直接影响了文案创作的孕育与提升。提高化妆品文案创作质量，锤炼具有品牌文化、产品特色及美化生活的化妆品文案，必须把握好三个原则。

7.1.1 产品的定位与风格

化妆品究竟是先有产品还是先有文案，这是一个究竟是先有鸡还是先有蛋的问题，不必深究。但有一个问题必须高度重视而且保持统一：文案必须为产品服务，产品必须与文案相符。这是最基本的要求。所谓定位，简单讲就是什么档次的产品卖给什么阶段的人，还可以延伸地展开为谁生产的产品，产品的形态及其功能有哪些，取决于销售的渠道是什么，打算卖给哪些地方的哪些群体，等等。掌握了这些基本的要素，就可以分析判断消费群体的层次结构，可以创作出用户易于接受的文案。

所谓风格，就是吸引眼球的艺术特点，化妆品文案的风格可以是抒情的，可以是直白的，也可以是含蓄的。但有一点必须避免的是云里雾里。国家对化妆品文案的关键词有很多规定，但有时候很多文案偷换概念，一看就是假冒伪劣。产品是靠质量说话的，而不是靠文案说话的。在这一点上,大牌产品语言精练、简洁明了。相反,一些杂牌产品就显得啰啰唆唆、自相矛盾。

7.1.2 文案的方向与诉求

所谓方向与诉求,简单地说就是一个说明书,尽可能地把产品说清楚讲明白。在此基础上,力争扩大影响力和感召力。有了影响力和感召力,就有了卖点。所以,化妆品文案的方向非常重要。把握了产品的定位与风格后,文案的方向与诉求就非常容易把握了。但在方向与诉求上,必须坚决克服假、大、空的毛病。比如:

面膜敷得早,脸看起来比较小。

这个文案里面有个双关和小洞察。"脸看起来小"是一个双关,意思看起来年轻,又指看起来小脸。小洞察是,即使瓜子脸的女生都嫌自己脸大,希望再小一些。就跟体重一个道理,没有最瘦,只有更瘦。女生对"瘦"和"小"特别偏爱。但事实上,即便敷再多面膜,也不会让脸瘦下来,或者变小。这是化妆品文案创作的大忌,可以同义,可以近义,也可以形义,甚至还可以"美颜",但绝不能"PS",无中生有,欺骗大众。

所以,在文案创作的要求上,首先必须确保没有病句、错别字以及错误的标点符号,这是最基本的要求。其次是必须确保层次清楚、条理清晰、表述准确。最后是要有一定的逻辑性,让用户感觉到"有点水平"。所以,作为创作者来讲,一定认真反思每一个字、每一句话、每一个符号,并认真推敲。

7.1.3 市场的效果与预判

文案好不好，消费者最有评判权。因为从某种意义上说，文案既是产品的特性、用途、销售与使用对象、流通方式以及材料、印刷等的设计方案，也是制作工艺，还有品牌、经济成本、环保等因素的预先研判，因此，一定要贴近市场，以市场为导向，以产品为蓝本，为产品说话，说产品的话。目前很多化妆品文案在贴近市场上，做得很用力也很用心，但没有把握好"度"，有点"过"，给人一种"吹"的感觉。比如：

能让脸一下子变白的都不健康。
包装比成本还要高。

这个文案的独特之处在于，它狠狠地讽刺了那些不靠谱的化妆品文案，通过找别人的毛病塑造自己很专业靠谱的形象。

7.2 学会套用万能公式

文案都有套路,描述化妆品功效的,其实也有套路,也有专属于化妆品的词汇库。以下为你整理了一系列美白、补水、控油、祛痘、祛斑等常用词汇。

7.2.1 保湿滋润类

功效关键词: 焕发冰肌活力、保湿屏障、水润充盈、锁住水分、水润弹力、天然提炼、完美光彩、滑润细腻、激发、活化、净化、排油、注入养分、婴儿般、魅力肌肤、饱满水润、光洁嫩滑、平衡水油、亮泽肌肤、精华滋养水润、丰盈补水、瞬间化水、持久滋润保湿、畅透不黏腻、补水保湿、紧致滋润、纯植物性配方、双重活力、给肌肤补充营养、保湿雪肌水润光泽、深层滋养、深层润泽、滋润锁水、渗透吸收、修复、柔嫩、美肌持久、植物精华、收缩毛孔、深层锁水、胶原蛋白、成分温和、会呼吸的肌肤。此类文案参考品牌如下:

缺水肌肤的补水救星,四层密集补水、锁水、蓄水。山梨树花蕾提取物与保湿高科技，卓效四层递进，肌底水库持久满仓，水润逾越四季。使用前轻轻摇动，使水油双重质地充分混合，不仅迅速释放高效水溶性和脂溶性精华能量，更易于肌肤快速深度吸收，带来高效补水的惊喜。——娇韵诗恒润奇肌保湿精华液

7.2.2 补水功效类

功效关键词：解救干渴肌、水动力、高效补水、深度补水、补水弹润、丰盈补水、静润补水、水动力深层保湿、焕活莹采、水润亮采紧致、双重活力、紧锁水分、芦荟、渗透吸收、净柔洁肤、柔滑、保湿定妆、多效水漾、净柔洁肤、蜜桃系少女必备、水活奇迹、柔滑、柔嫩、精心呵护、植物精华、临床试验、宛若新生、成分温和、水嫩妆容、天然提炼、闪耀完美光彩、明亮气色、雪域精粹补水、饱满水润、滑润细腻、微量元素、激发、活化、净化、水漾肌密。此类文案参考品牌如下：

为肌肤提供深层保湿和滋养，输送高度浓缩的紧致因子，深入肌肤底层，充分补充水分。肌肤饱满、水嫩，透现莹亮光泽。

——莱珀妮补水保湿修复面霜

7.2.3 美白嫩肤

功效关键词：光彩亮丽、天然提炼、萃取美白精华、婴儿般莹透幼白、细嫩无瑕、魅力肌肤、完美光彩、明亮气色、强化肌肤、植物性配方、维生素B、抗氧、至臻皙白、晶亮焕肤、靓白芯肌、层层抑黑、水感透白、改善暗沉、淡化色斑、均匀肤色、褪黑

亮白、焕活莹采、美白肌肤、美白成分、改善暗淡粗黑、提亮持续、激发、活化、净化、提亮、防晒利器、焕白亮采、去角质、防晒利器、柔滑、焕发光彩、夏日炫彩、净柔洁肤、柔滑、柔嫩、美肌持久、精心呵护、萃取植物精华、成分温和、自然裸妆、无瑕白皙、丰盈的角质层。此类文案参考品牌如下：

    红石榴遇见葡萄籽，爆发双重抗氧美白能量。肌肤怦然心动，醉人微醺气色。————相宜本草亮白水

    从肌底提升肤色与肤质，从而提升肌肤光泽度，透射珍珠般润白光芒。————Olay净暇精华露

    美白精华液排行榜，娇韵诗淡斑小瓷瓶，源头阻截黑色素，淡斑净透，重现肌肤白皙。————娇韵诗淡斑小瓷瓶

7.2.4 祛斑淡斑

    功效关键词：无瑕自然美肌、亮肤淡斑、褪黄淡斑、淡斑精华、去除色斑、预防色素沉淀、水润透白、精心呵护、淡斑提亮遮瑕精华、宛若新生、成分温和、无瑕白皙、抑制黑色素过剩生成、天然提炼、细嫩无瑕、肌肤细胞再生、强化肌肤、新透白美肌夜间祛斑、加速肌肤新陈代谢、微量元素、修复受损肌肤、改善暗淡粗黑、嫩白祛斑、提亮肤色、祛斑黄金成分、淡斑抑斑防斑、改善黯沉、淡化皱纹疤痕。此类文案参考品牌如下：

    有效抑制黑色素生成，帮助对抗色斑，使肌肤透现白皙无瑕光采。植物来源的活性成分，能有效抑制黑色素，帮助焕白肌肤，

预防外界侵袭引起的肌肤黯沉。　　　——欧莱雅祛斑精华乳

兰蔻多年精研，破解肌肤美白的关键，五种衡量标准，卓效降低色斑大小，深浅以及反复度。即使斑点顽固，效果依旧显著。肌肤更净白，更透亮。　　　　　　　——兰蔻淡斑精华乳

7.2.5 控油祛痘

功效关键词：淡印实力派、油脂分泌过剩、抢救痘痘肌、深层清洗、毛孔粗大、有效祛痘、抑痘调理、收缩毛孔、淡化痘印、面泛油光、去痘印痘疤、芦荟、告别油腻肌肤、净柔洁肤、清爽、祛青春痘粉刺、控油爽肤、换季大作战、成分温和、清爽无油光、修复凹洞痘坑、改善痘印、灭菌紧致、清爽补水、吸附多余油脂、净颜祛痘、控油保湿、青春痘调理、修护油痘肌。此类文案参考品牌如下：

控油祛痘精华、清黑头收缩毛孔、祛痘淡印、控油清痘、调节油脂，水润充盈，有效调节肌肤酸碱平衡，控制油脂过量分泌，令肌肤整天清爽不泛油光。

——理肤泉清痘净肤细致精华乳

7.2.6 减龄抗衰

功效关键词：紧弹亮润、内外双膜、修复、精心呵护、击退岁月年轮、丰盈无龄肌、植物精华、临床试验、胶原蛋白、活肤粒子、SPA级吸收精华、成分温和、弹力抗皱、抗老精华素、婴儿般、细嫩无瑕、肌肤细胞再生、魅力肌肤、滋养肌肤、三重抗衰老

┃ 种草文案 ┃

功效、提拉紧致、巩固轮廓、强化肌肤、修复岁月痕迹、焕肤奥秘、粗糙暗沉、多层修复、生物纤维、肌底液、基因再造、改善肌肤质感、渗透吸收、年华逝去、肌肤易老、明亮气色、植物性配方、淡化细纹、年轻亮泽、加速肌肤新陈代谢、活化酶、补充营养、青春再现抗龄、护肤精华、显著提升、肌肤紧致、光洁嫩滑、重塑、修复受损肌肤、高效、提拉紧致抗衰老、凝时紧致。此类文案参考品牌如下:

微精华原生液,微细深透肌肤,原生赋活科技,激活修护力,触发再生力,强健防御力,赋活肌肤原生如初的年轻状态,肌肤水嫩、平滑、净透、匀净……尽现原生年轻。

——雅诗兰黛精华原生液

7.3

讲究招数，才能放大销量

营销界有一句比较经典的语录，只有当顾客真正喜欢你，相信你，才会开始选择你的产品。但一个新产品在进入市场之初，往往是无人知晓的，要想被用户接受甚至打动他们，就要靠一击即中的文案让产品冲出视野。以下6个化妆品文案的招数，几乎所有的化妆品文案都在用，每招后面也蕴含着不一样的传播路径，但异曲同工的是，最终能实现产品的销售。

招数一：点明利益

用户在购买产品或服务时，大多数人看中利益价值。一旦这种利益关系存在，就容易产生购买行为。但现实问题是，用户对于新产品的识别度是非常低的。这个时候，就需要通过文案告诉用户你的产品能帮他们解决什么问题。而写文案最常见也最实用的招数就是点明利益。

首先，陈述基本事实。韩国护肤品牌雪花秀，其核心成分是人参萃取物。但对于用户来说，原料和利益是两个概念。更何况，地球人都知道人参的滋养作用。文案只须把产品的特色变成利益输出，直接告诉用户，让他们自己去感受这种差异化。

其次，需要点明利益。因此，就有了"以人参滋白能量，澈褪色斑暗沉"。这句文案虽然中规中矩，但点明了人参在产品中的作用。这样就会让用户知道，原来人参不仅限于炖汤。

在点明产品利益方面，雅诗兰黛更加简单直接，曾推出的"别等娇嫩在环境中黯然，肌肤渴望修护""肌肤问题，交给雅诗兰黛""抵御岁月侵袭，合力守护年轻"等文案，将产品能够解决的问题具体化，更易俘获有这方面需求的消费者。

招数二：全面包装

正所谓，人靠衣装马靠鞍，产品要想卖出去离不开好的文案包装。这方面至少有三个重要技巧。

第一，找到产品亮点。现在很多品牌都会找明星代言，如此就可以直接利用名人效应传播。例如，"这是宋仲基爱用的洁面乳""鹿晗随身带的面膜"等。如果请不起明星，你的产品有什么亮点就指出来。例如YSL圣罗兰主打聚糖科学概念，并提到100年科研7项获诺贝尔奖殊荣。诺贝尔奖的分量自不多言，聚糖科学则说明它用心钻研产品。

第二，文案包装产品。事实证明，好的包装文案越来越能够打动用户了。而好的文案，最基本的要点则是朗朗上口和新趣好玩。比如为推广面膜，雅丽洁曾推出过一组反响不错的文案，"都说女人是书，但你这本书封面有点皱""你看上总是那么青春，永远在战'痘'"。

第三，对产品有自信。在众人眼里，用户往往反感商家"王婆卖瓜"。但事实上，如果你展露一点幽默，让消费者会心一笑，他们也会接受你的产品。比如植美村的一组文案："我美，我说了算""祖传的美貌藏不住了"。

招数三：场景化暗示

这种文案的最大好处是，主动提醒用户该使用他们的产品了。这种暗示行为的化妆品行业鼻祖，当属大宝无疑。

"要想皮肤好，早晚用大宝。"这条家喻户晓的文案，几乎陪伴了一代人的成长，而它最大的价值在于，直接告诉消费者，用大宝能够让皮肤变化且指出要早晚都用。同样，"补水就用温碧泉""日弹，夜弹，弹弹弹，弹走鱼尾纹""你和小芳之间只差支玻尿酸的距离"等，都有着异曲同工之妙。事实上，这种暗示性文案相当于是给产品一个定位或贴上标签。如此一来，能够让消费者在万千商品当中很快就能找到。

招数四：打感情牌

不会打感情牌的化妆品文案一定不是好文案。打感情牌有两大好处。比如母亲节时，资生堂打出"别敷衍，如果她爱唠叨，就学会聆听"。这样做的好处，一是没有亮点的产品可以制造出亮点；二是容易与用户达成共鸣，引发他们对产品的思考。

招数五：主张价值

一个能够打动人心的品牌，其必然有着强大的价值观作为支撑。而价值主张一般来说有两种：一种是围绕产品做文章，一种是强调精神追求层面。自然堂提出了"征战伦敦、美在巅峰"的主题营销文案；相宜本草则牵手中国花样游泳队，呈现出她们在训练和比赛当中的"越严厉、越美丽"精神。而欧诗漫，则公布了三组文案，分别是"终点只是另一个起点"，"年轻无惧磨砺，砥砺终将成珠"，"用努力重新定义美丽"。

招数六：洞察心理

不得不承认，人们在物质生活得到满足后，对精神需求的标准变得越来越高，用户也更注重自身跟品牌或产品的"三观"是否契合。因此，可能你的一句文案对了，他们就会对你产生好感。反之，则会从心里抵触你。

洞察用户的心理，应该是每个品牌最难以完成的事情。不过，一旦对用户的心理洞察有成效，在传播上自然"磨刀不误砍柴工"。比如百雀羚推出的《过年不开心》的广告宣传片。这支广告片的文案集中抛出了几个问题：

有对象吗？

赚多少钱啊？

你看我女儿在身边多稳定，而你为什么要离家？

相信对于漂泊在外准备返乡的游子们来说，这几个问题直击心灵。虽然该广告片最终以两代人和解这种符合传统大团圆的观念为结局，但相信它的文案必然引发不少年轻人深思。

7.4

有趣，更有料

女人可能没有男朋友，但是不能没有化妆品。中国的化妆品市场是全世界最大的新兴市场，化妆品品牌如果想吸引人，除了功效，还有文案。

人长大之后真的是要化妆，不为别的，就为这生活在无数次想哭的瞬间，还可以咬咬牙说：不能哭，老娘的妆不能花！

请你喝奶茶？不用了，口红太贵。

这样有趣、有料的化妆品文案自然能够吸引用户的眼球。那么，该如何做呢？

7.4.1 有创意的名字

有创意的名字不是品牌名，而是产品名，好的名字可以一秒就吸引人的注意，不妨从以下几个方面来入手：

心理暗示

化妆品、护肤品以及香水品牌的起名套路之一，就是给人足够的心理暗示，比如SKⅡ"神仙水"、兰蔻的"年轻水"、欧莱雅的"天才水"等。SKⅡ"神仙水"是卖得最好的一款产品。因为"神仙水"这三个字虽然没有出现在正式的宣传文案里，但是却一直流传着这个名字。"神仙"这个词就给了人足够的心理暗示，感觉用了也许就能变成小仙女。

情感寄托

"前男友面膜""心机彩妆""斩男色口红"这类名字，则是利用了用户的情感寄托。小黑裙是法国娇兰在2012年推出的一款淡香水，自上市以来，便在全法国市场荣登榜首。它的创意来源于女人衣橱里必备的一条小黑裙，而创作这款小黑裙的调香师据说灵感来自一次中国之旅，对一名身着小黑裙的女子的一见钟情，因此小黑裙被赋予了浪漫的情感。

产品功效

还可以直接在名字里体现产品功效，比如反恐精英遮瑕膏、小熨斗眼霜、高潮腮红等。比如NARS的文案绝对是标题党，因为有几款腮红名字取得让人羞涩，"高潮""欲望""深喉"。其中高潮Orgasm是最畅销的色号，"高潮"这名字用作腮红的确恰当，世上有什么比情欲中的潮红更适合妆点脸颊的呢？

7.4.2 学会和用户调情

女人，是最感性的生物，如果你打算只靠产品功效打动女人那是不可能的。世上真的只缺你这款产品吗？祛痘的真的只有你家是最好的吗？祛眼袋的难道就没有别的选择了吗？所以，不能只一味强调功效，还要写出一些打动人心的文案，学会与用户调情，在无形中传递给她们品牌力量。

针对特定人群

男性护肤品牌高夫没有正面展现出其护肤品牌的属性，而是紧紧扣住"文艺青年"的内心，拍摄了一部走心而又颇具风格的短片《他们说，我是文艺青年》。

他们说，我是文艺青年，把欲望当作浪漫，爱不敢言，优柔寡断。无所事事，却好像无所不能，满怀理想主义，却又作茧自缚。也许吧，有时我也不能分辨，复杂的是世界，还是我？在放肆和克制之间徘徊，在理想和现实之间犹豫，在嘲笑和理解之间挣扎，其实我只想和深爱的一切在一起。让梦想存于内心，把坚持写在脸上，对这个世界的复杂说一声：再见！告别复杂，高夫就够！

这是个为文艺青年们打call的文案，那你的产品能不能为你的特定人群发声呢？比如教师、记者、白领、学生等，挑一下具有特色的群体，为他们创作一篇品牌文案，他们认同自然会为你宣传。

直面社会话题

精准的社会洞察及略微敏感的社会话题首先就足够吸引人，接着陈述你的品牌态度，传递你的品牌力量，看完会让人忍不住想要去多了解一点品牌的故事。韩束拍摄的一个广告《有时，被误会才是更高的赞美》，讲述了这个世界对女人很苛刻，漂亮女人总易引来误会。

这个世界对女人其实挺苛刻的。谁不爱美？外貌能为我们加分，但同时也会带来很多的误会。你努力地去表达、去证明，别人会误会你是在作秀。你拼命地做出一点成绩，别人会误会，这不是你的能力可以做到的。大家总是会认为努力、善良和成功，只应该属于那些不在乎自己外表的女人，而爱美的女人注定会被误解。也许只是因为你已经超越了他们心中的期待，有时被误会是更高的赞美。巨水光，好到被误会。

7.4.3 来点儿出其不意

当所有人都在抗拒敏感这回事儿的时候，一个源自日本的敏感肌护理品牌却从人群中蹦出来说"谢谢，敏感"。再搭配上日系小清新的图片与文案，女人们都曾经惧怕的东西，也会变得可爱。

人生意义，就是找到对的人一起"呜呜呜"下去。
养得活自己，也养得起你们。
是不是够胆，用好奇欲征服世界，每个角落都是美好。

这个主题为"for敏感症候群"的主题文案，没有一味地去夸自己的产品如何好，而是反其道而行之，从另一个角度出发，反而收获了与众不同的效果。

7.4.4 一句话文案方便记忆

一句耳熟能详的文案可以引发洗脑式的传播，节省一大笔的广告费。比如丸美的"弹弹弹，弹走鱼尾纹"。小时候连鱼尾纹都不知道是什么，但已经知道丸美眼霜了。还有自然堂"你本来就很美"等，都是在使用这种方法。

7.5

最是套路得人心

俗话说真情淡如水,套路似海深。对于化妆品文案来说,得女性者得天下,把"女人的美"用无数方法来解读,哄得用户"天花乱坠",最终拼的是化妆品的文案。翻开砖头般重的时尚大刊,或者视频贴片广告,化妆品的花头越来越多,不过不管吹的是哪种"妖风",还是有套路可寻的,大体有如下几种。

7.5.1 护肤成分学

这部分广告文案是从产品成分入手,以自然纯粹的成分为卖点。一部分强调理性,突出用户实际获得的利益。比如悦木之源菌菇水,强调灵芝的奇效,承诺用户购买后对肌肤的帮助。另一部分是感性的广告,试图营造与环境有关的情景,引起用户情感反应。比如Innisfree,由命儿拍摄的关于花精华水的广告,并没有提及植物成分功效,主要营造鲜化美人的氛围。

自然般纯粹

此类成分化妆品文案,强调自己的纯粹,自然对用户的呵护也是一样单纯不掺假,一切黑科技都是纸老虎,一切逆龄霜都是障眼法；古法酿制，自然萃取；只有我们不伤肤，其他都是浮云；等等。代表品牌有如悦木之源、Ocean Skin等。

来点小情绪

这类广告文案主打情怀牌，运用情感化营销来树立品牌形象。其实，每个品牌都有自己的个性，品牌个性就是将品牌拟人化，赋予品牌生命力和与消费者沟通的能力。品牌有个性，说话真不少，傲娇、霸道或柔情，就看用户爱哪一款。比如：

我是剩女，so what，孝顺与婚嫁无关，年龄不是将就的借口，渴望爱情但绝不盲目，谢谢你们的爱，但请理解我。

SK-II这则广告文案，直击大龄有志未婚女性，打鸡血，卖情怀，为这个群体发声，以此获得她们对品牌的认同。

7.5.2 护肤方法论

科技是第一生产力，护肤就是这么直接。比如雅诗兰黛小棕瓶，针对饥渴型皮肤。

雅诗兰黛小棕瓶，30年DNA探索，ChronoluxCB修复，净化损伤直达修护巅峰……

是不是感觉听不懂，那就对了。要的就是这种高大上的感觉，你的皮肤岂是俗物简法就能触碰的？要想重焕美颜，科技才是真理。

产品才是王道

我所守护的年轻,根植于你的基因之中,无关年龄。

细细品味兰蔻"小黑瓶"的文案,或许带些许高冷,但非常清楚地告诉大家:"我就是你变得更年轻的小秘密。素颜怕什么?用了我们的产品你不化妆也一样美。"

这类化妆品文案,找出护肤品与彩妆最大的差异卖点,以此抓住女性怕老、怕素颜的痛点,直击那些对自己要求很高的用户,告诉她们:"你就是那么美,美颜相机里你就是真实的你,你与滤镜只差一个我。"如:

美源自自然。

兰蔻这则广告文案与早年自然堂的"你本来就很美",有异曲同工之处。

7.5.3 加强品牌个性

实证表明,如果用户对品牌在该个性维度上的感知低于广告诉求,那么顾客的购买欲可能会很低。如果用户的实际感知高于广告诉求,那么用户的购买欲就会很高。简单点,就是广告诉求要与品牌个性保持高度一致性,或者加强品牌个性。

有些化妆品牌在创立时主打植物系护肤,它的广告诉求必然紧跟品牌定位,推崇植物护肤。比如悦木之源、雅漾、Innisfree、京润珍珠等。试想,这些品牌也可以走情怀路线,比如悦木之源提出保护绿色生态,但是不能成为主打路线。毕竟用户买你的产品是为了护肤。所以,品牌成立之初的功能性定位,往往决定后期广告诉求重点。

7.5.4 精准锁定受众特征

不同品牌用户受产品价格、功能等影响,存在明显的区隔。或者某系列产品对消费者选择的不同,这种不同会影响广告诉求的走向。

爱敷面膜的女孩,事业不会太差。

这句文案虽然很普通,但是能精准锁定用户心理,言简意赅却又直击人心。这一点很关键。为什么有些人不买护肤品?很大的原因是有心理负罪感。觉得自己买这个东西,浪费了,乱花钱了。这时候降低负罪感有两个有效办法。

第一,建立用户的自信。比如欧莱雅,"你值得拥有",可以帮助用户建立信心,让其认为这个护肤品是自己可以享有的。第二,告知这个行为是社会认可的,用护肤品,可以提升自己的形象,从而帮助自己的事业,而不是为了一己私欲。

再比如SKII有一个叫Change Destiny的系列产品,它的受众特点是有一定年纪的都市白领女性,因为有来自社会方方面面的压力,所以有着非常大的逆龄美颜需求。于是SKII借此卖情怀引发一系列女性问题。如果这一情怀换成别的针对年轻群体的品牌就行

美容类种草：还没看完就要买买买

不通。

  但此类文案，要注意抓住产品特点与用户特征的关联性，没有关联也要创造关联。说白了，就是告诉用户凭什么买你的产品。好的护肤品广告一定是在内容上能够击中用户痛点的，在方式上是有趣味性、故事性或参与性的。拒绝毫无新意的方程式文案，拒绝了无生趣的模式化配图，只有不走寻常路才能俘获用户的心。

7.6

规范性写作,虚假宣传要不得

化妆品是以涂抹、喷洒或其他类似方法,施于人体表面(如表皮、毛发、指甲、口唇等)起到清洁、保养、美化或消除不良气味作用的产品。所以,一篇合格的化妆品文案,必须是规范性的。

7.6.1　命名原则

一是符合国家有关法律、法规、规章、规范性文件的规定。

二是简明、易懂,符合中文语言习惯。

三是不得误导、欺骗消费者。

化妆品名称一般由商标名、通用名、属性名组成。名称顺序一般为商标名、通用名、属性名。

7.6.2　禁用内容

一是虚假、夸大和绝对化的词语。

二是医疗术语、明示或暗示医疗作用和效果的词语。

三是医学名人的姓名。

四是消费者不易理解的词语及方言。

五是庸俗或带有封建迷信色彩的词语。

六是已经批准的药品名。

七是外文字母、汉语拼音、数字、符号等（表示防晒指数、色号、系列号的，或注册商标以及必须使用外文字母、符号表示的除外；注册商标以及必须使用外文字母、符号的要在说明书中用中文说明，但约定俗成、习惯使用的除外，如维生素C、BB霜等）。

八是其他误导消费者的词语。

7.6.3　其他要求

一是化妆品的商标名分为注册商标和未经注册商标。商标名应当符合本规定的相关要求。

二是化妆品的通用名应当准确、客观，可以是表明产品主要原料或描述产品用途、使用部位等文字。

三是化妆品的属性名应当表明产品真实的物理性状或外观形态（如膏、霜、液、乳、水、雾等，另"精华"不能表明状态，不可以做属性名）。

四是约定俗成、习惯使用的化妆品名称可省略通用名、属性名。

五是商标名、通用名、属性名相同时，其他需要标注的内容可在属性名后加以注明，包括颜色或色号、防晒指数、气味、适用发质、肤质及特定人群等内容。

六是名称中使用具体原料名称或表明原料类别词汇的，应当与产品配方成分相符。

七是进口化妆品的中文名称应当尽量与外文名称对应。可采用意译、音译或意、音合译,一般以意译为主。

7.6.4 禁用语

在化妆品名称中禁止表达的词意或使用的词语包括:

一是绝对化词意。如特效、全效、强效、奇效、高效、速效、神效、超强、全面、全方位、最、第一、特级、顶级、冠级、极致、超凡、换肤、去除皱纹等。

二是虚假性词意。如只添加部分天然产物成分的化妆品,但宣称产品"纯天然"的,属虚假性词意。

三是夸大性词意。如"专业"可适用于在专业店或经专业培训人员使用的染发类、烫发类、指(趾)甲类等产品,但用于其他产品则属夸大性词意。

四是医疗术语。如处方、药方、药用、药物、医疗、医治、治疗、妊娠纹、各类皮肤病名称、各种疾病名称等。

五是明示或暗示医疗作用和效果的词语。如抗菌、抑菌、除菌、灭菌、防菌、消炎、抗炎、活血、解毒、抗敏、防敏、脱敏、斑立净、无斑、祛疤、生发、毛发再生、止脱、减肥、溶脂、吸脂、瘦身、瘦脸、瘦腿等。

六是医学名人的姓名。如扁鹊、华佗、张仲景、李时珍等。

七是与产品的特性没有关联,消费者不易理解的词意。如解码、数码、智能、红外线等。

八是庸俗性词意。如"裸"用于"裸体"时属庸俗性词意,不得使用;用于"裸妆"(如彩妆化妆品)时可以使用。

九是封建迷信词意。如鬼、妖精、卦、邪、魂。又如"神"

用于"神灵"时属封建迷信词意；用于"怡神"（如芳香化妆品）时可以使用。

十是已经批准的药品名。如肤螨灵等。

十一是超范围宣称产品用途。如特殊用途化妆品宣称不得超出《化妆品卫生监督条例》及其实施细则规定的九类特殊用途化妆品含义的解释。又如非特殊用途化妆品不得宣称特殊用途化妆品作用。

7.6.5 可宣称用语

用语符合化妆品定义的，可在化妆品名称中使用。在化妆品名称中推荐使用的可宣称用语包括：

一是非特殊用途化妆品。

·发用化妆品名称中可使用祛屑、柔软等词语。

·护肤化妆品名称中可使用清爽、控油、滋润、保湿、舒缓、紧致、晒后修护等词语。

·彩妆化妆品名称中可使用美化、遮瑕、修饰、美唇、润唇、护唇、睫毛纤密、卷翘等词语。

·指（趾）甲化妆品名称中可使用保护、美化、持久等词语。

·芳香化妆品名称中可使用香体、怡神等词语。

二是特殊用途化妆品名称可使用与其含义、用途、特征等相符的词语。

育发、染发、烫发、脱毛、美乳、健美、除臭、祛斑、防晒等九种特殊用途功能。如健美类化妆品名称中可使用健美、塑身等词语。祛斑类化妆品名称中可使用祛斑、淡斑等词语。

三是对化妆品名称中的禁用语和可宣称用语的原则性要求，具体词语包括但不限于上述词语。

7.6.6 备案违禁词语

一是标签禁止标注的用语。

有夸张效果的。 如特效、高效、全效、强效、速效、超强、特效蛋白、高效渗透剂、速白、用一次白一次（另补加：即瞬）。

有虚假效果的。 如多少天见效；几个周期见效；无试验依据的效果指标（数天后，数周后）；经××例临床观察具有明显效果；产品有效率××%；××例有效；××%有效；经皮肤测试；经××认证。

有夸张用词的。 如广谱、全方位、全面升级、控油、安全、激活、活化、消除、清除、瘦身、丰胸、溶脂、吸脂、燃烧脂肪、瘦身、瘦脸、瘦腿、减肥、丰乳、丰胸；使乳房丰满；预防乳房松弛下垂；提高肌肤抗刺激；更新肌肤；抗氧化；消除自由基；活化细胞再生功能；细胞再生能力；细胞活力；细胞增殖和分化；有效刺激重要的细胞再生及新陈代谢；活肤等。

有夸张描述的。 如采用新型着色机理永不退色；迅速修复受紫外线伤害的肌肤；渗透至角质层深处的美白效果；破坏黑色素细胞；抑制或阻断黑色素的形成；洗净多余油脂粒；减少和抑制油脂粒、黑头、粉刺的产生；激活细胞组织。

第八章

美食类种草：

直接写到用户的胃里

美食类文案有三种境界：第一种境界是看了觉得好吃，第二种境界是看了觉得想吃，第三种境界是看的时候口水都流出来了，直接下单购买。直接写到用户胃里的文案是什么样的？5个大招，1个架构，4个技巧，6种方法，5类标题形式……掌握这些内容，你也可以轻松写出来！

8.1

五个大招让你对美食怦然心动

什么样的美食文案可以称得上是"优秀"呢？大抵是可以不看画面、不听声音、不闻味道，光凭着文字的质感，就可以让你吃到一顿饕餮盛宴。那么，如何才能和文案高手们一样，把食物写得让人怦然心动？除了有对食物的爱，当然还是少不了套路。

8.1.1 展示细节的美好

在《舌尖》这样的美食纪录片中，你一定能发现这样的秘密，那就是他们在镜头的处理上，采用了大量的特写镜头。特写+慢速，展示了食物生动的细节。特写+快速，展示了食物在时间里的变化过程。文案也是一样的道理，你对食物的细节描写得越清晰，食物在人脑中的画面感就越灵动。对于吃货来说，这就是传说中的"致命诱人"。

形容美食，最经典的莫过于汪曾祺先生描述的高邮鸭蛋："筷子头一扎下去，吱——红油就冒出来了。"之所以经典，正是由于细节。再来看一组文案对比：

普通： 这一盘煎饺外酥里嫩，金黄剔透，好吃极了。

细节： 这个是高汤焯发出的香味，确实这样的话就不用沾酱了，高汤渗入皮之后，适度的焦黄确实让味道更香了啊，不过应该还不止这样，也不能说粉粉的，能让皮的口感这么清爽。应该是还有用山芋吧？每吃一个都有新的口感，感受新的味道。内馅柔润得好像要化掉一样，每嚼一口嘴里就溢满了鲜汁，微麻微辣的风味，轻轻地刺激着舌头。乍看之下，这些煎饺好像没有什么特别，其实里头下了不少让人吃起来回味无穷的功夫。没想到煎饺也能达到如此美味的地步，这是我头一次吃到的滋味。

所以你看，一旦有了细节，连文案都性感起来，不由得让人沉溺在美食的畅想里。

8.1.2 讲述食物背后的故事

很多美食的纪录片，其实就是在讲述美食背后的故事。它是怎么在时光里跋涉，经过了谁的手，最终是如何呈现到你的面前。一个有故事的食物，往往蕴藏着食物的内涵，光从食物本身的名字讲述起来，都变得有质感、高级。比如海鲜饭一定要来自西班牙，牛肉一定要来自日本神户，按这个道理汤包可以叫金陵秘制大肉汤包，生煎包可以叫沪式海鲜玲珑生煎，越是把这些故事讲出来，美食越令人遐想。

8.1.3 运用五官感受去赞美

怎么让用户对你所描述的美味产生信服？那当然是亲口试

吃。怎么样让这种美味变成文字传递给读者？唯有变成他的五官，眼看、耳听、嘴尝、鼻嗅、手触，才能真正把他们的心撩得七荤八素。诉诸五感，不能靠辞藻的堆砌，而要靠体验的立体呈现。

视觉："超大的芒果" VS "直径比iPhone6横着还粗的大芒果，简直比脸还大！"。

听觉："油锅满满沸腾" VS "油锅里滋滋的声音越来越响，就像所有油花在迫不及待地欢呼雀跃"。

味觉："鲜香美味，意犹未尽" VS "满口都是芒果爽滑的香甜，温暖的甜香幸福感直扑脑门"。

嗅觉："美味珍馐，香气扑鼻" VS "香味窜进鼻子，牵着我走进马路对面的小店"。

触觉："口感酥脆" VS "牙齿刚刚轻咬，酥皮就簌簌落下，让人忍不住用手去接，生怕错过一分一毫的美味"。

8.1.4 善用熟悉事物做比拟

淘宝店运营中有一个概念：标品和非标品。什么叫标品？规格化的产品，可以有明确的型号等，比如笔记本、手机、电器、美妆品等。一般说到标品，我们心里都有画面感，大概知道它是长啥样的商品。而非标品是无法进行规格化分类的产品，比如服装、鞋子、花艺等。带有设计色彩，每个人做出来都不一样的东西，叫非标品。为什么要提到标品和非标品呢？因为一般来说，标品是我们一提到就能迅速想象到，有概念的，在写作的时候更加注重的是它们的功能性特长。而非标品，则更需要我们用更加抽象的思维去描述它的亮点。

美食，显然属于非标品，同一道菜不同的人做出来味道也不尽相同，所以为非标品写文案，比拟是必不可少的写作方式。

吊龙肉要涮多久？把1颗花生从剥开到吃掉的时间就够了。

超级甜的龙眼，有多甜？甜度比甘蔗还高了两个苹果。

非常明显，以上文案都是用熟知的事物，比如剥花生、甘蔗和苹果等"翻译"未知的事物，立马豁然开朗。如果你想要一个想象力非常丰富的文案，那么就不要吝啬你的创造力。

8.1.5 调动个人情感

传说，要抓住一个人的心，先要抓住一个人的胃。自古以来，人们就总是把食物和情感紧密联系在一起。所以说关于美食，最高级的莫过于谈爱。做的人满怀热爱，吃的人满心欢喜，最恰当的描述就是下厨房的那句"唯有爱与美食不可辜负"。

情感元素是美食文案无法割舍的一部分，妈妈给孩子做的饭，男生给女生做的饭，那些年和舍友一起吃过的泡面……食物的让人大快朵颐，有时候不在于是什么样的珍馐，而是做饭的人，给你的情感温暖或者悸动。所以在美食文案中一定要注意情感的融入。

8.2

掌握文案架构，轻松撩胃

美食在没有吃到嘴里前，单从外表无法看出好吃与不好吃。食欲的诱发和享受的氛围营造，都需要文案来呈现。而要写出一篇让人流口水的美食文案，必须对文案的结构安排进行设计，才能步步为营，占领用户的胃。一般美食文案的整体架构分为四个部分：

（1）动机诱发：标题＋开场白
（2）差异细节：产品介绍＋制程
（3）场景营造：情境＋教学
（4）品牌情感：故事＋理念

这样的结构，是一个非常好用的美食文案撰写架构，可以先照这架构多写几次，写熟了之后可以多点自己的延伸与风格。

8.2.1 动机诱发

美食文案对比其他产业的文案，最大的优势就在于动机的诱发比较容易。最简单的方式，就是放一张产品照片，透过商业摄影的魅力,喷烟多汁的感觉就会让人口水直流了。因此在撰写食物文案时,千万不能少了与照片的搭配。在动机诱发这一步,分为两个方面进行,分别是引发食欲和营造享用氛围。

引发食欲

照片纯粹以食物为主,烹调过程中尽量不要出现人,人会占版面,颜色使用暖色系居多。这时的文案,撰写方向为:口感的描述。比如:

香辣带劲,劲脆够味。
喷汁爽快,欲罢不能!

描述时多点动词,拥有动作会让人有画面感,力道更足。也可以利用对话的方式撰写。比如:

你绝对没尝过的响脆咬劲。
甜入你心的吮指美味。

营造氛围

照片以人群为主,通常强调一家人或一群朋友享用的温馨与乐趣,因此以美物为主体在中间,旁边围绕着一群人即可。这时的文案,撰写方向为:享用的时机。比如:

每个团聚时刻,都有经典香肠的陪伴。
招待好友的心意,交给生乳卷替你表达。

要特别记得，吃东西的时机都是指定的，你的食品或许什么时候都可以吃，但是这样就失去特色了，你必须定位一个享受时机，才有办法让人记得。比如：

告白想成功，就靠72%巧克力。

宵夜有点饿，来份三分钟咸酥鸡。

开头决定你的产品定位，也是第一印象。不要试图讨好所有人，只要服务好你的定位人群即可。标题写好之后，再来开场白，美食文案比较常推荐的开场白写法，都是画面感的方式。

8.2.2　差异细节

一直以来，美食的口味是一个很主观的问题。就好像有人不爱吃香菜，有些人则非常喜欢吃香菜，有些人不喜欢吃辣椒，有人则无辣不欢，很难说统一。即使同一种食材，还是有许多等级、料理技术上的差别。如牛肉本身有等级之分，而好的牛肉给不懂技术的人煮，也会是一种浪费，而这正是美食文案的优势，也是劣势。

所以，写美食文案时，我们必须要好好说明，产品细节差异在哪里。不妨从食材、制作者、制作过程和技术、认证检验四个方面来写，其中食材虽然要介绍，但不是主力。真正的主力，其实是制作者。我们会相信一个厉害的厨师不论怎样的食材到他手上都能够妥善运用。因此强调制作者的个人IP，特别是星级厨师或老板个人来代言，才能够展现出美食的差别。而制作过程和技术，则是非常必要的说明。透明化的解说是为了让用户放心，也让他们能够感知产品的匠心和仪式感。

8.2.3 场景营造

美食的场景营造不同于一般产品，由于大多数食物的场景都会非常类似，像是给家人吃的、聚会吃的、零食小点或主餐饱食。因此在开头的定位，其实很容易遇到竞品有相同的定位。这时候就必须在场景营造时，有不同的切入点。不妨从以下三个方法入手：

享用时机

你的美食可以在什么时候吃，可以举出多种延伸场景，并配合图片，让整体享用氛围更为突出。比如：

办公室分享好欢乐。

居家独享大满足。

外出带着走也满意。

为不同的场景定义属于用户的享用乐趣，帮助用户在更多时机想起你的美食。

料理教学

你的美食除了单吃之外，有什么可以入菜的方法吗？这是"吃的方式"的延伸。一款食物单吃总有腻的一天，但如果你可以为它创造更多吃的方法或变化，那就会成为大家每餐的必备，就是把食物当成一种酱料的精神。比如：

你的泡菜单吃很棒,那煮火锅可以怎么搭配呢?跟卤味怎么搭配呢?是不是可以用你的泡菜做成泡菜炒猪肉呢?你的饼干单吃很棒,那是不是可以像Oreo一样,放在冰淇淋上呢?还是包在饭团里面别具风味呢?教导你的用户更多吃法,他们会迫不及待想尝试的。

吃法引导

跟上面的方法类似,但这主要是教导你的用户:该怎么正确地吃你的食品。这件事看起来有点多余,不就是打开包装吃吗?但事实上,不管你的食品看起来多简单,方便拿取,就是有人一开始会困惑这样吃对吗?因此这一步骤,最大的目的在于营造仪式感。可以借机告诉用户,吃你的东西前,必须要这样吃,才能吃到最高级的美味。

实验表明,当品牌方对用户说:这项产品,最好吃的时候是打开后的30秒到1分钟左右,因此打开后不要急着吃,先让它与空气接触一下再吃。那么,将有半数以上用户都会乖乖照品牌方说的做。因为用户真的很怕,没吃到这食品最好吃的一面。这种吃法引导所营造出独特的享用体验,就是下次用户会再想起产品的关键。

8.3

强调品牌，用户才放心

现如今，很难找到真的完全独一无二的食物，大多数食物都会有相似的厂商在做。当然，你可能认为自己做的食物真的很特别，但事实上对于用户来说，并没有那么特别，起码在他们吃到之前。所以在美食文案写作中，必须强调品牌这件事，这是让用户能够有一个选择的依据，也是经营品牌要有的基础。这里必要的内容有两个：初心和愿景。

为什么要做这样的食物？为什么要用这么贵的食材？为什么要这么费时费工？对于一项产品，你一定花费了许多心思，在这里可以说一下，不用复杂，单纯直接即可。而愿景会让用户想跟你一起实现，你希望这个品牌走到什么样的未来？你希望吃到这样食品的人，能想起什么样的故事？写这些内容并不困难，只要注意不要写得太多。比如：

拥有，面对未来挑战的力量。

我们希望自己成为中国台湾传统零食的代表，让更多不同文化的人，透过这一块块小饼干，感受到中国台湾的特色与美。

让中国台湾的文化与创意,成为值得骄傲的吸引力。

以上三则文案所描述这些愿景,除了吸引用户之外,也是一种呼吁支持。当人们相信品牌提出的目标,就会愿意支持当下的行动。当然,最后结尾别忘了提醒用户立即下手,享受新鲜美食。下面介绍写美食文案常用的4个小技巧。

8.3.1 技巧1:他吃不到?成为他的眼、他的口、他的鼻子

很多作家都是这方面的顶尖高手,看看这些大吃货、大文豪们是怎么刻画美食的。比如:

一觉醒来,满屋醇香(嗅觉),起看肉烂汤浓,其色如奶(视觉)。 ——贾平凹《羊肉泡馍》

所谓"西施舌"者,状其形也,白而洁,光而滑(视觉),入口咂之,俨然美妇之舌(触觉)。

——李渔《闲情偶寄饮馔部》

带着点心渣的那一勺茶碰到我的上腭(触觉),顿时使我浑身一震,我注意到我身上发生了非同小可的变化。一种舒坦的快感传遍全身(身体感受),我感到超尘脱俗(内心感受),却不知出自何因。 ——马塞尔·普鲁斯特《追忆逝水年华》

软软的蛋花在舌尖上滑动(触觉),螃蟹肉带着生命的芳香(嗅觉),残留着些许海洋的腥味(味觉),嘴巴和手指立刻变得滑腻腻的(触觉)。 ——村上龙《孤独的美食家》

喝香蕉牛奶时，联想到了月亮在白莲花般的云朵里穿行（内心感受）

——王玎玲《下饭的诗》

8.3.2 技巧2：他不在场？告诉他怎么吃，让他身临其境

营造一种熟悉的场景，告诉他在什么地方吃，在何种时间吃，究竟怎么个吃法，吃时会发生什么，细节越丰富越好，从而代入自己，产生"原来这么好吃，我也想尝尝"的感觉。

虽然有雾霾，但在楼下闻到蒜薹炒肉的味道，还是会摘下口罩。

——回家吃饭

用三分钟时间守候泡面飘香，隔着冬夜，一窗水汽欲滴，就是最平凡的辛福感。

——日食记《新年旧味·锅烧辛拉面》

所有的眼光都向她射过来了，不久香味散开了，它增强了人的嗅觉，使得人的嘴里浸出大量的口水，而同时腮骨的耳朵底下发生一阵疼痛的收缩。

——莫泊桑《羊脂球》

取食的时候要眼明手快，抓住包子的皱褶处猛然提起，包子皮骤然下坠，像是被婴儿吮瘪了的乳房一样，趁包子没有破裂赶快放进自己的碟中，轻轻咬破包子皮，把其中的汤汁吸饮下肚，然后再吃包子的空皮。

——梁实秋《汤包》

8.3.3 技巧3：他想象不到？那就形容给他看

食物的美味怕他想象不到？那就用他熟知的食物形容给他看。

这个技巧的要点是要贴切，不能牵强和太过浮夸。比如：

出游时带上这颗"水果糖"吧。　　　　——久红瑞蜜瓜

鲜甜多汁，入口丝滑，三文鱼般的美妙口感。　——祁县酥梨

不知道这个蜜瓜有多甜？告诉你，和水果糖一样甜。入口丝滑，有多滑？就像三文鱼那样滑。

8.3.4　技巧4：用结果，表达程度

程度是定量的，表达与接收难免出现一定的误差。结果是定性的，很容易达成共识。当然这个结果，一定要合乎逻辑，又出人意料，才能达到效果。比如：

西太后识味停车，杨贵妃闻香回马。　——西安赵家腊汁肉店

西太后和杨贵妃啥没吃过啊，她们见了都挪不动腿！多香、多美味了解一下。

这些美食不光纹理清楚，而且香气也快要飘出了屏幕外。
　　　　　　　　　　　　　　　　　　——舌尖上的新年

美食到底有多香？就是隔着电视屏幕都要飘出来了，令你心驰神往。

野生黄心猕猴桃，甜掉牙，不管镶。

美食类种草：直接写到用户的胃里

多甜不解释。但是却警告你，甜掉牙自己负责，不管赔。

一箸入口，三春不忘。　　　　　——汪曾祺《豆腐》

只吃了一筷子，然后春去秋来寒至暑往，悠悠三载几度枯荣，却还在回味那时的味道。

8.4

有方法,才能勾起人们的食欲

中国人爱吃,由此延伸出来的"吃货""饭拍族"等新词儿层出不穷,而为美食打造的文案,自然也有过之而无不及。无论是直截了当,还是婉转含蓄,美食文案的创作都离不开以下六种方法。

8.4.1 修辞要天马行空

通过修辞手法将美食与熟知事物进行比较,让用户更好地体会其特点,引人入胜的同时让语句更生动活泼。

类比:
比前任的心还冷1摄氏度。
拟人:
人畜无害,白胖可爱。
可我也有一颗"炸裂的心啊"!
比喻:
出游时带上这颗"水果糖"吧。

8.4.2 选取独特之处

美食制作细节的堆砌会使人脑海的画面感更充足,进而使人迫不及待地想细细品味美食的一丝一毫。

低温烘烤新鲜榛子仁,碾碎,足量铺满,比利时巧克力淋面,香浓榛子慕斯夹心,约等于一场灵魂暴击,是那种,好吃得一声叹息的甜点。表层薄厚一致的比利时黑巧克力淋面,缀上低温烘烤的北方大榛仁,坚果与黑巧克力的经典搭配,浓郁榛子酱夹心,寄深情于更深。

所有新鲜食材的一一展示,已经足够诱惑,再把美食的制作细节慢镜头呈现,味蕾的诱惑便即刻升级。

8.4.3 放大感受

既然吃不到,那就用文字把用户的感官调动起来。尽量直观立体地描述每一个细节感触,因为越是细致入微的描述,文字就越显灵动,用户脑海中的想象就越丰富,也就更容易引人入胜。

大口吃芒果和奶油的满足感,像春天的风鼓在衣服里。乳脂奶油如清风拂过舌尖,芒果百香果慕斯满口化开,这辈子只吃这个,也是可以的。

8.4.4 吃点情怀

"吃的不是味道,是情怀"这句话永远适用于美食文案,屡试不爽。

发际线越来越高,天花板越来越低,只要吃一口板栗鸭,就像回到了九岁。

总是丢掉很多习俗,但元宵节的味道却没掉过,就像离开爸妈前吃的一顿饭。

8.4.5 告诉他怎么吃

在商品繁多的市场,告诉消费者,你的美食的独特吃法、消费场合等,为产品打出新的市场。

扭一扭,舔一舔,泡一泡。

怕上火,喝王老吉。

8.4.6 多种方式结合

运用多种方式可以让文案更诱人。

细节+感官

自然成熟的泰国榴莲,在曼谷,官兵后代庭院中,生长着一百年至一百五十年的榴莲树。榴莲是一种野兽,浓郁、混沌、复杂、生猛,一口下去,兵荒马乱,直接把欲望打回原始形态。

美食类种草：直接写到用户的胃里

细节+情感

新鲜芳香，不同层次的酸与甜，细致慕斯中揉和果肉颗粒慕斯。轻盈冰凉口感莹润的醇香奶油，无法用酸甜定义的味道是爱情。

情感+创设情境

浓得让人吃惊的一方绿意，淡淡茶香浮动，清冽质朴，搭配栗子羊羹夹心，微苦后，有绵长的回甘。取材于茶道的禅意内涵，热量也相对友好。

那些能够勾起人们食欲，又撩动观者内心的文案，都是一抹最为亮眼的色彩。最后，再献上广告大师奥格威关于美食文案的其他十六个写作规则：

一、以食欲诉求为中心来创作广告。

二、使用的食品插图越大，食欲诉求力越强。

三、在食品广告中不要出现人。人会占去大块版面，版面应使用来表现食品本身。

四、使用彩色印刷。用彩色比用黑白印刷更能引起人的食欲。

五、使用照片，照片比图画更具食欲诉求力。

六、使用一张照片比使用两三张更醒目。如果非使用几张不可，则应该使其中一张占有主导地位。

七、如果可能，就提供一些菜谱或食用法。家庭主妇总是在寻求新的烹调法以愉悦家人。

八、不要把烹调法写在广告正文里。把它独立出来，要突出，引人注目。

九、在主要插图照片上表现出烹调方法来。

十、不要把烹调法印刷在以线条或花纹作底的地方，把它印在白底的版面上会吸引更多的家庭主妇阅读它。

十一、只要有可能就在广告中加进新商情：新产品信息、老产品的改进，或是老产品的新用法，等等。

十二、标题要写得有针对性，不要一般化。

十三、把品牌名称写进标题里。

十四、把你的广告标题和正文都排印在插图之下。

十五、突出包装，但不要压倒引起读者食欲的照片。

十六、要严肃。不要用幽默和幻想。标题里不要小聪明。对绝大部分家庭主妇来说，操持家人膳食是很严肃的事情。

8.5

挑逗味蕾，这样写才有效

美食文案如果想挑逗用户味蕾，写出"飞流直下三千尺，疑是口水落九天"的效果，可以试着用下面四个技巧来写。因为，有创意、有内涵的餐饮文案，除了让行销力倍增，读起来更是令食客食心大动。

8.5.1 诱人描述，挖掘食物与众不同的特点

妻子甚至会用简单的工具制作出豆花，这是川渝一带最简单最开胃的美食。通过加热，卤水使蛋白质分子连接成网状结构，豆花实际上就是大豆蛋白质重新组合的凝胶，挤出水分，力度的变化决定豆花的口感，简陋的帐篷里，一幕奇观开始呈现。现在是佐料时间，提神的香菜，清凉的薄荷，酥脆的油炸花生，还有酸辣清冽的泡菜，所有的一切，足以令人忘记远行的疲惫。

上面这段文案，对食物进行了诱人的描述。这个技巧可以向《舌尖上的中国》学习。比如："发酵菌欢乐的歌声""中国人能从黄酒中品出刚柔两重境界"等这类非常生动的语言，让人透过唯

美的文字感受到中国美食的博大精深。

8.5.2 符合人性，离开食物，侧面攻击

其实这是现在大多数企业会使用的方法，给食物赋予其他的意义，这个优势就在于人们可能不是因为食物的本身购买，而是因为你的文案，刚好戳中了他的心。

甜只留给言语，把爱喂养得像初恋。

取悦自己，是我取悦你的方式。捉摸不定，只是为了让你永远视我为新欢。

我羡慕那些没吃过原麦山丘的人，因为第一次只有一次。

以上这类文案除了可以在海报中体现，还可以出现在食品的包装上，所以这一类文案以短为主，太长就显得拖沓，容易消耗完用户的耐心。

8.5.3 为吃货找理由，有时候，欲望就差临门一脚的事

每个身体肥胖的人都在打嗝擦嘴的时候说"我要减肥"，但是下一秒，还是控制不住，因为在动嘴前，会给自己十个不可以吃的理由，但是下一秒又能给出一百个要吃的理由。

他们做的是吃不吃的选择，而美食文案要做的是让他做出吃的选择。这也要与场景相结合，把美食融入场景里。

所以要为消费者想一个购买的理由,帮其减轻"罪恶感"。

体重,不会因为少喝一杯饮料就变轻。
昨晚没睡好?你要喝果汁。

这就是很好地为消费者找好了理由,让人购买欲上涨。

苹果要咬一口才知道好不好吃,这颗苹果很甜,所以你要不要和我交往试试。
——红富士苹果

8.5.4 抖机灵,纯粹是好玩

这也不失为一个好方法,现在年轻人大多是冲动购物,有时候的购买行动纯粹是为好玩买单,而好玩可以体现在食用方法上或者文案里。如果你的抖机灵卖萌打动了用户的心,他自然就愿意买单。

我是一只鸡,生有一双翅膀却不能高飞,偏偏有一颗不安分的心。幸好"不可能"从来不是浪子的羁绊,给鸡翅涂上料酒、生抽、盐、蜂蜜和蒜蓉,两面煎香,含泪与出锅的蒜香鸡翅道别。出发吧,孩子,披着这身黄金甲驰骋天下。
——蒜香鸡翅

我是一只鸭,看似一只在田间肆意蹦跶的丑小鸭,事实上我养精蓄锐,静候伯乐的出现。任凭他一双巧手在我体内、外皮上,涂抹料酒、麦芽糖、姜葱、花椒粉,他们将在我细腻的肌理间进行

┃ 种草文案 ┃

最绝妙的化学反应。一次迷醉的SPA后,作为一只有理想的鸭我必须投身熊熊燃烧的事业,化身餐桌上的黄金斗士,在你的嘴唇间开展一场颠覆味蕾的革命,最终成为一只喷香的广式烤鸭,走上鸭生巅峰。
——广式烤鸭

  我是一条鱼,从小游弋在温柔的湖泊里,拥有健美的线条和紧实的肉质。麻麻说只有这样fit的body才能成为最美味的剁椒蒸鱼头。选了最性感的辣椒,蒸笼里的一次热情桑,把我的鲜美与它的热辣相互交融。它已熟悉我的汗,它已成为我身体另一半,锅盖掀开之际,我最终成就了最棒的自己,用生命在演绎饕餮。
——剁椒蒸鱼头

  金龙鱼在微博上发起的一个"助力中国美食申遗"的活动所写的文案,就非常有借鉴意义。通过卖萌、抖机灵方式,把几道经典菜的烹制过程,写得维妙维肖,给用户留下深刻的印象。当然,这一切的根本,还在于美食要足够好吃。否则,就算你用文案吸引他进了门,但是味道出卖了你,那他也就只能来一次。

8.6

标题也要足够诱人

从狭义角度看，写好一个美食文案的标题，意味着可以激起用户点击阅读的兴趣。同时写好一个标题，也意味着你完全想好了整篇文章怎么写，基调是从标题开始的。但无论如何，标题都是重中之重。标题就像是一扇门，用户能否推开门走进去，看到里面的内容，完全取决于你的标题是否有吸引力。如果标题不好，内容再优质，用户也看不到。通常用户看到一篇文章的标题，会在0.5秒钟之内做出决定，要不要点击打开浏览。所以，决定一篇文章阅读量的关键就是"标题"。那么，如何才能写出一个吸引用户注意力的美食文案的标题，让用户在短时间内能够点击打开阅读呢？下面介绍五种常见的拟标题方法。

8.6.1 提取卖点

提取两到三个卖点来取标题是最简单的方法。难就难在对于卖点的理解。卖点决不是指"大众"而是"小众"。你拥有别人没有的这就是最大的卖点。好吃或者环境好这些都不是卖点。比如，两人都开火锅店，卖的都是重庆火锅，装潢风格也一样。但是我有独家秘方,大厨还是个地道的重庆人,那这些就是我的卖点。所以选卖点的时候一定要注意,卖点就等同于特别、新奇。

布朗尼装进杯子里,意面上种圣诞树,棉花糖变糜鹿……还有什么是这家餐厅做不到的!

——魔都探索队

梧州最有仪式感的西餐!按次序上菜!食材全空运!牛扒最高只能五成熟!
——梧州微生活

巷子杀出个江湖侠客,要得一手香辣翻飞的独门绝技,爽炸围观的食客!

——桂林吃货

8.6.2 夸张手法

虽然是夸张手法,但一定不能假、大、空。标题里一定要有商品的属性之一,这样别人就挑不出错了。

这家芋儿鸡是西门的扛把子!人均40,配菜都有18种!
——成都同城会

不到5分钟就全城卖断!刷爆梧州票圈的茶饮霸主驾到!超嗲超好喝的第三波饮品将惊艳你的舌头。 ——梧州微生活

今天小编要扒一扒这隐藏在街头的"白兔糖",不论是商业界豪杰,还是童心懵懂的少女都被TA偷走了心!太过分了。

——小闻香

8.6.3 留下悬念

留下悬念,自然能引得目标顾客的热切关注。

为庆祝梧州入秋成功,这家脑洞大开的宵夜神店竟做起了非比寻常的"美味珍宝"?!
　　　　　　　　　　　　　　　　　　　　——梧州微生活

开业两个月就让众多辣星人沉迷于此!传闻爆辣飘香只需一口就停不下来!TA究竟是何来路?
　　　　　　　　　　　　　　　　　　　　——小闻香

身为"ji店"却专注做牛?让来者欲罢不能还当起了回头客!?
　　　　　　　　　　　　　　　　　　　　——小闻香

8.6.4 善用数字

如果你想让顾客对文章的重点一目了然并产生兴趣,那数字标题绝对是你的首选,因为数字标题可信度更高,也更有说服力。

四人狂撸320串,只需160元,人均40!这间串串店逆天划算啊!

12小时+120斤猪骨=50碗汤底,那么奢侈的事也只有豚王干得出来!

这家一年被翻牌10万+的鲜切牛肉火锅店,5折起10天!

这样的数字标题,顾客会非常容易捕捉到自己感兴趣的内容,找到美食的价值点在哪里。所以,如果你还没有办法写出那文绉绉让人眼前一亮的标题,不妨试试数字标题。

8.6.5 巧用热词

想要取一秒让人引起好奇心并想深了解的标题,那"热点"是首选的,对于追赶潮流这种事几乎每个人都会有一种急迫感。比如:

24小时不打烊的火锅店把你伺候成小公举,还倒送200元!

大吉大利,免费吃鸡!桂林首家酸菜鸡火锅酸爽赞助!

桂林这条鱼竟惊动了CCTV来为它做独家专访,真比维密大长腿还撩人吗?

这些文案标题里,出现了一个热点一个热词,比如"小公举""大吉大利,免费吃鸡""维密大长腿"等,会加大顾客的点击率。不过热点可遇不可求,在可用量方面还是有限度的。

第 九 章

医疗产品种草：

不妨来点"重口味"

如何写出一则好的医疗产品"种草"文案？明确广告目的，研究受众人群，整理卖点内容，分析广告渠道，开始文案撰写，这仅仅是新手的写作方法！如果想让你的医疗产品文案脱颖而出，成为用户瞩目的焦点，掌握这些方法：9种标题形式、4个关键点、9个妙招……让你从小白到老手，轻松进阶。

| 种草文案 |

9.1 从标题入手

泛滥成灾的医疗行业软文,需要在用户的"第一眼"上入手,才能完成软文的使命,而一般能抓住用户"第一眼"的部分,就要从标题做起。下面介绍九种医疗行业软文常用的标题类型。

9.1.1 专业式标题

对于医疗行业来说,专业性的软文标题,比较受用户的关注,让用户在标题上能够一目了然地知道软文中的主体内容。比如:

当心!抗过敏药也会致敏。
剧烈运动增加肺癌风险。

此类标题,以传递知识为噱头,吸引用户的注意力,让他们认为文章能教他们一些医疗方面的知识,所以会有兴趣打开文案。

9.1.2 视觉式标题

在医疗类软文中,视觉式标题是专门利用数字来对用户的视觉产生冲击效果。比如：

六步排出肝脏内毒素，检查肝脏是否有毒的方法。
父母寿命长的人患癌率低，长寿者4大共性。
17种癌症与肥胖有关，饭前喝汤有助于瘦身。
口气不清新怎么办？6个方法让你远离口臭。

这些标题中，往往含有"几步""几个""几大"等数量词，这样能快速引起用户的好奇心，迫切想要知道正文内容。

9.1.3 提醒式标题

在医疗软文中，利用提醒式标题更容易获得读者的青睐，通过提醒、警告、恐吓等手法吸引用户对文案的关注。比如：

三类人喝蜂蜜等于喝毒药。
女孩猝死卫生间，部分医生推测与憋尿有关。
国人减寿十大因素，高血压排第一位。
身上长这种痣，是患了肝病。

这类标题，由陈述某个事实开始，让用户意识到之前所作所为是错误的。特别是本身就具有某种疾病的患者，看到相关软文后更容易引发共鸣。

9.1.4 前缀式标题

在医疗行业中，前缀式标题比较具有权威性、吸引性，所谓的前缀式标题，就是以表达观点为核心的一种标题撰写形式。在此观点之前，可以加入一些比较能取得用户依赖的词汇，如一个医疗专家的名字、研究成果、科学家等。比如：

研究：坏情绪让你少活20年！

专家：抗体基因重排对杀伤MERS病毒有重大作用。

科学家：每天跳跃两分钟能有效避免骨折。

杨国安：心脏病屠刀杀向迪拜酋长长子。

以上是此类标题的常用公式，往往会精准到人，将人名放置在标题上，在人名的后面紧接着说明对某件事的个人观点或看法。

9.1.5 情感式标题

在医疗行业软文中，最为稀有的标题莫属情感式，而正因为稀有，才更能吸引用户的注意力。医疗行业把情感式标题作为突破口，其成效绝不比其他标题差，还更能引起用户的共鸣。一般来说，从亲情、爱情、友情这三种情感出发（见图9-1），就一定能使得情感式标题软文有更多的机会展现在用户的面前。

医疗产品种草：不妨来点"重口味"

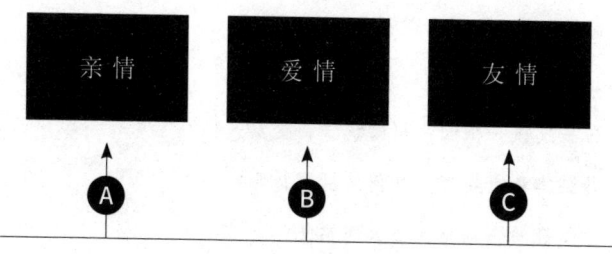

图9-1 情感式标题软文三大突破口

9.1.6 流行式标题

流行式标题就是拿当前流传的热闹事件、热闹话题、热闹词汇语言为标题噱头。比如：

再谈乙肝抗体：抗体去哪儿了？
翻滚吧！肥胖君。
肝脏的6大"克星"，你造吗？

这些标题中的"去哪儿了""翻滚吧！""你造吗"等词，都属于网络流行语，这些词具有一定的热度和亲切感，很容易吸引到用户的注意力。

9.1.7 问题式标题

在医疗文案中，问题式标题是通过提出问题来引起关注，促使用户产生兴趣，启发他们思考、产生共鸣，留下深刻的印象。

睡8小时死得快？到底该睡多久？

1分钟自测：你是时候排毒了！

白头发拔一根长十根的说法，是真是假？

肝脏排毒有规律，如何给肝脏排毒？

白领最易伤颈椎，该如何预防？

9.1.8 恐吓型标题

当人们觉得恐慌时就会逃离，如果你看到下面这些标题，会是什么反应？

洗血，洗出一桶废油！

听说北京800万高血压已停药！

看到这类文案标题，是不是很想关注一下自己的血液健康，或者身边患有高血压的熟人呢？

9.1.9 好处型标题

当人们感觉到快乐，就会想要拥有，下面这个标题你看到会是什么反应？

快速解决头晕症状！

不咳不喘，不遭罪！

看到这类标题，是不是很想知道什么药这么灵验？如果真有

医疗产品种草:不妨来点"重口味"

效果,会及时推荐给身边需要的人。

一篇好的医疗文案不是装腔作势、哗众取宠,而是要向用户"摆事实,讲道理"。以简明的语言直接表明广告内容,人们一看便知道:什么产品,谁来用,有什么效果。直接标题虽然简单明了,但难就难在要想尽办法让它引起消费者的足够注意。所以,不管是什么类型的医疗文案标题,撰写者千万不要做"标题党",标题和文案中的内容一定要有衔接,这样才不会让用户有被欺骗的感觉。

9.2

关注人心,同时关注人性

怎么写好一篇医疗文案?医疗文案写作要关注人心,同时关注人性,还要内容创新。求医者想要什么,祈求欲望是什么,等等,这些都要考虑。

9.2.1 关注人心

比如,美容医院的消费者,有的害怕衰老,恐惧自己的年龄,那么这就是她的痛点。写作必须重点突出,再加以案例辅助,突出点就会更为明显,因为不能触动人心的文案稿,就不能触发咨询、成交欲望,也就不能到诊。

9.2.2 注重人情

除了关注人心,还要注重人情。人心的欲望是潜意识的,在潜意识里,可以很直白、直接,如对性的需求。但是,经过意识的包装后,这种欲望就变得高雅起来,如女人的打扮等,这就属于人情。因此,写作文案必须要懂人情世故。

比如一个女子隆胸,从她的潜意识上讲,她的欲望是性,是为了获得男人对她的关注。但在文案上就不能这么写，必须经过"人情"的沉淀后，包装成这位女子想吸引更多的目光。不了解人心，就不知道医疗文案的核心，不懂得人情，写出的文案就像没经过打扮的女人一样。

9.2.3 内容创新

在满足了这两点之后，医疗文案如何写才能写出新意呢？不妨在标题、开头和内容、结构这四个要素里做文章。

标题创新，前一章已经说过，不多赘述。那就从开头说起，文似看山不喜平，所以开头一定要吸引人。一个文案有一个好的标题和开头后，就成功了一半，剩下的事情，按照开头往下顺着思路写就可以了。写开头的要点是一定要引起人们的兴趣。怎么引起别人的兴趣？就需要写作者开动脑筋了。

内容创新，这是广告的核心因素，注意不要单一，要从多个角度切入，尽可能地详尽。例如从病因形成、产品组方、机理特点、功能主治等诸多方面去诉求，尽量照顾到不同用户的不同需求层面。这样，文案的传播力会很强，带来更大的购买概率。这一板块可以归纳出六小类内容：

（1）**功能主治**：这是OTC药品广告必备要素，通常都是严格按照产品说明书上批准的"主治"逐一列明疾病名称，在设计上也会用特别的字体（如加粗、加黑）或在明显的位置突出出来。保健品没有这一内容。

（2）**适应症**：适应症表明产品是做什么用的，能治什么病。症状描述要形象、生动、清晰，只有说到读者的切身痛处，才可能引起共鸣和关注,激发购买的欲望。"症状明确、人群模糊"是医药保健品广告的铁律之一。

(3)**产品机理**:描述症状、分析病因、解决问题,是产品机理描述的三个主要构成部分,可以是独立的内容,但多数都与其他内容揉在一起,成为一篇完整文章或段落。这一部分文字专业术语出现最多,是让读者相信这个产品能治病的科学证据。主题层层递进,有理有据,令人信服。

(4)**产品特点**:"特点"可以是先进之处、与众不同之处、超越其他产品之处,等等,有必要使自己区别于竞品的一些优点,也可以看作对产品机理的补充说明,常用编号方式表述。多见于同时期竞品较多、市场比较成熟的产品,如补肾、减肥、咽炎药物等。

(5)**产品原料**:产品原料也是"有料"的一类主题,"熊胆治乙肝"将原料当成卖点,在广告标题直接点出;"葡立胶囊"有效成分是"氨基葡萄糖",补充人体的"蛋白多糖"。这些产品原料和成分的药物疗效大多已经被民间认可,配以图片说明,可以提高产品的品质感、扩展产品功效的联想。

(6)**产品照片**:产品照片也是一项重要的要素,要让消费者从文字中跳出来认识产品,以免给同类竞品做嫁衣。

9.2.4 文章结构

通常一篇医疗文案的结构是这样的:

(1)标题:点出你所要介绍的诊疗项目、效果、什么人受益。

医疗产品种草：不妨来点"重口味"

（2）开头：吸引人阅读下去的开头，引出介绍的项目。

（3）医院以及专家出现：自然地引出医院的实力和专家的特长。

（4）专家介绍项目：这基本属于医学专业的范畴，没有太多发挥的余地，注意别出错即可。在这一部分写作时，注意多分段落，适当加入小标题，以免读者阅读吃力。以消费者的角度向专家发问，专家解答。找好问题，必须是真正人们关注的问题。

（5）专家发言结束，最后再宣传一下医院和专家。

（6）文章结尾，形成一个强有力的结尾。

按这个结构写好文案之后，要由专家进行审核。因为很多医疗"种草"文案的创作者，不一定具有专业的医疗知识，对很多知识点可能只是浅尝辄止。所以，医疗广告文案写完后务必请这一领域的专家审核，以防出现低级错误或常识性笑话。

9.3

掌握关键,文案价值才能最大化

医疗软文写作还是需要策略的,并不是撰写者是什么就开始记录下什么,这样太过随意和潦草,写出来的内容比较片段化,阅读的价值不高。

医疗软文的写作策略,只要掌握了这4个关键步骤,医疗软文的价值最大化就能体现出来。

9.3.1 内容深挖

好的内容,是"种草"文案能够被用户认真看下去的必要条件,也是传达医疗软文撰写者理念和医疗软文效果最大化必须具备的。所以,此类"种草"文案关键在于内容,这是一篇医疗软文的核心与灵魂,也是留住用户以及后续回访的基础条件。一篇好的医疗软文,必须具备3个特点。

实用性

医疗软文撰写者在写医疗软文的内容时,需要考虑软文内容对用户有哪些价值,能够给用户带来什么帮助。只有这样的软文,才能让用户有一种受益匪浅的感觉,甚至使得他们有自愿分享转发的行动。

简明性

医疗软文不需要咬文嚼字，写得很深奥，只需要让用户明白文章中的意思即可，越平易近人越有说服力。

新颖性

医疗软文不能呆板枯燥，必须新颖，让用户有眼前一亮的感觉，这样才能激发用户阅读了解的欲望。

9.3.2 功效承诺

消费者购买产品就是为了获取某种利益，有利益的驱使，他会毫不犹豫地去购买。利益越明确直接，消费者的关注度就会越高。药品、保健品不单说明产品能治什么病，还要让潜在消费者明白产品非常有效。

常见的承诺方式可以归纳为五种类型：

一是将承诺揉进广告文案中。

二是用消费者自己的语言描述，相当于证言。

三是用起效时间、数字说明效果好。

四是描述症状逐步减轻和好转的各阶段"感觉"，让消费者相信药品在逐渐发挥作用。

五是描述产品热销场面，让消费者形成产品畅销的印象。

9.3.3 促销信息

几乎每一个品牌和产品都要写促销信息，发布此类信息的目的，不只是让更多的人来买，还有一个目的是让现有的用户买得更多一点。可见写好促销信息非常重要，有几个要素不能遗漏：时间、地点、促销方式和促销主题。

至于促销的方式多种多样，常见的有：降价，买×赠×。或者让利，原价×元、现价×元、优惠×元；赠送，其他相关产品，赠品价值×元。此外，还有按疗程购买的暗示，以及咨询活动、免费检测、现场讲座等。比如：

"奥星胶囊"的促销：一次购买五盒可享受优惠价1900元，获赠家庭型HD肝病治疗仪一台（价值1680元），并加送奥星肝宝二盒（价值276元）。看起来似乎赠品比产品的价值还高，但实际上赠品可以以较便宜的价格委托加工。

9.3.4 方便购买

用户如果看电视，广告会强行植入，用户反感却没有办法规避，因为想看电视内容。而对于报纸、手机上的信息，看与不看主动权都在用户手中。但是，有一个细节要注意，虽然谁也不想看广告，但只要是认真看的人，大多数就是对产品有需求的人，他们就是潜在的用户。所以，医疗广告文案写作时应该注意，要尽可能地把这有限的"眼球"流量变成产品的销量。以下总结了十类"方便购买"的信息，信息虽杂，排版上也是"拼缝儿"的位置，但这些信息真正是产生销售的"最后一厘米"。

（1）服用疗程信息："一盒×天量、×盒一个疗程或一个疗程×天"等，按"疗程/周期"服用，消费者当然要买多一些产品。

医疗产品种草：不妨来点"重口味"

（2）服用方法：一天×次、一次×杯等，这是一个药店柜台上经常会遇到的问题，是消费者关心的问题。

（3）专家提醒：提醒按疗程服用，提醒注意事项，提醒防伪，在医生指导下服用，等等。简单的一句话，堵住一个销售上可能出现的漏洞。

（4）产品价格：可能是单价，也可能是疗程价，可能是醒目的位置，也可能隐含在促销信息中，尽量解除消费者心中的顾虑和疑惑。

（5）咨询电话号码：这是一条非常重要的信息反馈渠道，可以检测广告效果，收集消费者的信息，建立起用户对产品的忠诚度。

（6）经销药店名单、地址、电话："卖货"广告几乎会把所有经销药店的名单都——列明，地址、电话尽可能详尽。

（7）省内各地市经销商电话：这是为消费者考虑得很周到的一则信息，大概也只有实战经验丰富的广告主才会考虑到这些细节内容。

（8）媒体间的相互呼应：有时广告中会在不起眼的位置标明"敬请关注某电视台某栏目或某时段的广告节目"，尽量提高媒体的传播效率。

（9）企业LOGO、产品批号、广告批号：包括产品药准字或保健品批号、GMP认证、广告批号等信息，也包括国家权威科研机构的评价、认证等。

（10）免费送货条件、邮购信息：×盒以上免费送货，市区内送货；邮购地址、电话等方便消费者购买的信息。

9.4 文案版式，不能忽视

文案的版式，是一切设计的源头，在传达信息为主的同时，可以提高用户的阅读体验，间接提高转化率。对于医药保健品行业来讲，不断有新产品涌现，文案广告说理最详细、卖货最直观、反馈最及时、性价比最优秀，是新产品推广的首选方式，如今新媒体广告文案已成为医药保健品宣传的重要武器之一。

所以，医疗类广告文案通常从产品定位出发，同时结合市场及用户心理，策划不同文案版式，用最浅显的文字告诉用户最透彻的道理。"种草"能力强的医疗文案版式，都具有以下八个特点。

9.4.1 巨大的广告标题

根据现代人"快速浏览"的阅读习惯，文案排版一定要在阅读体验上下大功夫，字体要醒目，甚至可以"傻大黑粗"。让看到信息的人无法忽视文案的存在感，"强行进入"用户的视野，达到吸引用户眼球的目的。

9.4.2 口语化表达

医疗广告"种草"文案在写作时,一定要尽量做到口语化,尽可能通俗易懂。句子不要太冗长,语言不要太术语化。特别是讲医理时,可以尝试着适当幽默一下,这样用户阅读起来会非常的轻松和流畅。只有读起来令人朗朗上口、轻松易懂的文案,用户才更愿意把它看完。

9.4.3 充分利用版面

文案的背景版面不论是1/4版、半版的大篇幅,还是1/8版的"豆腐块",密密麻麻填满了字,绝不留白。整版广告,最好采用上软下硬式,上软可以是一个感人的故事,也可是新闻式的报道。下硬就直接点题,直指产品。

整版的大版面广告一定要有图片,讲究图文并茂。或是产品生产企业的背景,或是把产品机理进行图解使其生动形象,或是很真切的故事性患者证言。

9.4.4 文字分段,有醒目的小标题或编号

整篇文字被划分成多个段落,配标题,加上"一二三"或"123"之类的编号,层层递进,并显得有条有理。这样排版的主要目的还是方便阅读、便于记忆。有些医疗广告文案要求每300字必须设一个小标题,因为人们的阅读越来越习惯于"跳读",越来越依赖"提要",越来越没耐心。

9.4.5 字体、字号变化频繁

标题一句话有可能出现三种以上字体，正文中除了小标题的字体是独特的外，不同板块的内容也会在字体和字号上有所区别。

哪怕一篇"豆腐块"广告，都有可能出现十多种字体、十多种字号。这样的排版可以把内容的主次、轻重突出出来，也可以将不同的内容加以区别。文字本身的变化可以增加装饰性，令版面显得活泼。

9.4.6 重点语句要加粗

重点语句可以是一段话、一句话、一个词，可以是标题、提要、正文中的某些语句，或者是产品名称，总之是需要强行灌输给用户的东西。

排版时要考虑尽量让用户不需要动脑子、费力气就能看完软文。所以，重点部分要明显、要强化、要加粗。

9.4.7 "症状描述"的内容要排版醒目

"症状"是医药保健品广告中一个非常重要的内容，后文会有详细分析。在版面设计上，"症状"一定要占据一个重要的位置，要清晰，在字体设计上要特别，让人一眼就看得到。

9.4.8 产品照片

"卖货"广告唯一的图片就是产品照片，图片很小，位置也不一定明显，但它却是广告要素之一，否则整篇广告有可能会变成科普文章，或者给同类竞品做了嫁衣。

9.5

套用妙招，就能疯狂卖货

现在，电视、互联网、报纸、新媒体等传播渠道层出不穷，但是，内容仍然是传播的核心，尤其是对医疗保健品来说，好的广告文案是妥妥的加分项。广告做得好，销售指定好。此类广告文案的创作一般有以下九种方法。

9.5.1 "跟风拼凑"

从当前比较成功的文案中去借鉴创意。俗话说，能卖货的文案就是好文案。市场有相似的产品，便会有雷同的文案。

9.5.2 理论实践

这类文案创作人员大多有市场实战经验，并有较强的文字驾御能力，丰富的社会阅历，对产品营销策略完全了然，并且能根据市场变化进行及时调整，不是为写文案而写文案，而是为策略而造文字，为卖货而精心策划文字，字斟句酌。

这样的文案标题醒目，观点鲜明，极具震撼力，大都能把握用户心理，利益点阐述非常明确，雅俗共赏，同整体营销策略相匹配,内容能分阶段,各式各样,但又保持了整体的一致性,一气呵成。

9.5.3 善用好奇

如果你希望用户很认真地阅读完你的文章,你必须激发他足够的好奇心,在正文开始前,你就需要激发他的好奇心,只有这样他才能对你长篇大论的文章保持热情。

如果用户打开你的页面看一段就关闭的话,你就没有任何营销的机会了。所以,在这个地方我们就必须引导用户,但不急着推销产品,先留住用户是关键,用户留下了,后面才有机会进行营销。

9.5.4 患者反馈

只要用户对你感兴趣了,他喜欢认真读你"第一段"内容了,那么自然就会读你"第二段"的内容。

但是我们要记住,在这个地方我们和用户之间是没有任何关系的,用户不信任我们怎么办?信任营销是最好的营销手法,所以我们在营销前一定要先让用户对我们产生一定的信任。如何让一个陌生人立刻对你产生信任呢?最好的方式就是其他人的反馈,也就是第三方对你的评价,特别是他身边朋友的评价和反馈,用户需要安全感,担心他的判断是错误的,他需要参考建议,清楚这一点,就可以提前解决他内心的不安,从而让他信赖你。

9.5.5 价值包装

我们要知道客户购买的除了产品本身,更重要的是产品价值,所以你必须直观地告诉用户你的产品价值有哪些,明确地告诉他产品能给他带来什么好处。甚至很多时候你可以告诉用户产品背后的故事,产品是如何诞生的,为什么推出这样的产品,产品的工序如何,为用户投入了多少心血,等等。

9.5.6 干货介绍

干货介绍是关于产品的全面介绍,多角度的介绍,让客户充分了解产品的好处和特点,内容可以包括专家的点评、证明文件、送货、价格、付款等信息。你需要把产品分解成各个利益点,然后用客户习惯的语言去描述,最重要的是"描绘结果",每一段都给他一个结果。

9.5.7 行动呼吁

如果用户没有行动,你的文案就等于白写。同时,你让用户采取的行动要越简单越好,越具体越好,越明确越好。千万不能让他做很多努力,才能购买到你的产品。如果这样做,那你是在剥夺自己与他成交的权利。

你必须给他一个立刻行动的理由,要以明确、积极主动的文字,呼吁用户采取行动,或者购买产品,或者填写在线表格,或者打电话,等等。

9.5.8 零风险承诺

零风险承诺可以在任何交易中消除用户的风险,当你消除用户的风险时,你也消除了用户购买的主要障碍。在这个策略中,你必须做的就是承担你和用户之间的所有风险。让他们知道，如果他们不满意，你就干脆退钱给他们，或者免费重做这些工作，让他们满意。

9.5.9 常见问答

虽然你的文案写得非常详细，但也会漏掉一些用户特别关心的问题。那么你就需要站在用户的角度去思考。你需要提前就把问题在文案中解答，用户还会有什么样的疑问和问题呢？比如，送货问题、质量问题、退货问题、安全问题、使用问题，等等。你考虑得越周详，用户越放心。

9.6

了解演变历程,赢在自媒体时代

1998—2003年,中国医药保健品文案逐步从成熟达到鼎盛,其标志主要体现在:一是有定型的风格,定型的写法,成熟的质量标准;二是有一大批从事医药保健品文案写作的专职人员。在这个阶段形成了南有软文、北有硬广的阵势。

9.6.1 北方硬广告的特点

(1)表现直接。比如抓需求、给利益、亮承诺都一样,越直接越好。

(2)语言冲击力强。体现在抓需求,深刻激发用户痛点,说产品,一说就神,最新突破等;利益夸大,亮承诺,效果显著。

(3)策略明显化。

(4)结构简单化。

9.6.2 南方软文的特点

(1)趣味性强。目的是利用人们好奇心进行市场教育,导入产品。南方软文经常把科普知识、产品功能、人物故事形象化、生活化、奇异化。比如脑白金的《人类是否可以长生不老》，比如金脂善的《神奇的"太岁"》《"9·11"后美国人的生活》等。

（2）语言鲜活。文章生动，阅读轻松不疲劳。

（3）策略隐藏。为了制造氛围，策略偷偷导入，逐步清晰。

（4）结构简单。这一点和北方硬广非常相似，都要求结构简单，便于信息吸收。

9.6.3　南北融合的四个阶段

第一阶段：直接、生猛、狠、硬。比如：

脑中风/糖尿病/风湿骨病，人类的第一杀手——恐吓×××。
我国治瘫领域最新突破——阐述产品。
×××3天怎么样，7天怎么样——利益承诺。

这些文案架构至今仍然具有学习价值，像免费治疗、签约治疗等，都具有很大的市场杀伤力。

第二阶段：更具体、更落地、带创意、抓人心。比如：

7天×××，联邦×××，为什么这么神奇？
药害猛于虎，用×××，高血压不用吃药！8000万人骨里拔刀！
糖尿病，泡在甜中的苦。
别让孩子输在起跑线！买7赠3，买5赠2，买3赠1！

第三阶段："耸人听闻"、抓眼球。比如：

医疗产品种草：不妨来点"重口味"

厕所里老婆一声尖叫！

怪女子20年用口呼吸！

同床不同被，7年"假夫妻"！

第四阶段：硬广软文化，"软刀子"更人性化。比如：

《妈妈，我怕你发脾气》，要是早年——《×××，更年期推迟10年》。

《37岁，我被暗恋》，要是早年——《×××，让女人年轻10岁》。

《特效药在全省引起广泛关注》，要是早年——《×××治心脏病最新突破》。

了解了医药保健品文案发展的过去，是为了在现在更好地迎战自媒体时代。

事实上，在这方面，已经有很多成功的案例。一些原本名不见经传的品牌或产品，利用自媒体以及特别的传播手法，迅速红遍大江南北。他们发展速度以及传播成本，都达到了"四两拨千斤"的效果，成为自媒体时代品牌营销传播的典范。面对这样的趋势和发展现状，医疗类文案该怎么应对？

（1）情感的载体就是故事。没有引爆基因的品牌，就难以生存。同样，没有媒体属性的产品，就没有传播性与延续性。

（2）品牌要有故事可讲。品牌故事、产品故事、团队故事、文化故事，等等。总之，有故事才能传奇。

（3）品牌要有行业的格局和视野。要在所处的行业有更高的高度和更大的格局，成为行业的开创者。品牌提供媒体内容，不仅仅是自己的故事，更多的是这个行业的故事，还有这个行业导入的生活方式，以及表现出来的价值观。

（4）品牌自媒体不等于就是官微与微信公众号，可能是一个矩阵。官方微博+企业领袖微博+客服微博+产品微博+微信+许多超越品牌本身的微杂志。

（5）粉丝=用户=读者。每一个品牌都必须有价值观、品位、有调性。只有有价值观的品牌或产品才能吸引客户，让客户不仅仅成为你的粉丝，还要成为你的忠实用户。

总之，在自媒体时代，一篇好的文案给医疗保健品牌的贡献远远大于100个推销高手所带来的贡献。那么，这样的文案有标准吗？答案是没有标准。但对此类文案创作有几点建议：

（1）抓不住眼球抓人心。

（2）忌讳生、冷、硬、涩：生就是离消费者距离远；冷就是文字没情绪；硬就是无理由承诺；涩就是文章枯燥，不鲜活、不生动。

（3）多用短句，读长句子比较累，何况年老的人。

（4）简单语式，不然读起来费劲，可以学学网络语言风格。

（5）文章结构简单，像程咬金"三板斧"式文章，就特别好。

（6）不要写教科书，谁读谁头疼。

（7）不要写成报告，没人喜欢读报告。

（8）多用类比，多说用户生活中的故事，熟悉的事物。